尊敬的　　　　　　　　方家惠存！

《中国摄影艺术年鉴》作为一部大型史籍，记录着当代中国发展进步的经典瞬间和中国摄影艺术的发展脉络。

聚焦大河上下，長城内外，樂山樂水，見仁見智，

一鏡走天涯，風月無邊；

感受世間寒暑，人生冷暖，歲月無痕，心中有愛，

一圖勝千言，道義在肩。

中国摄影家的社会责任和历史贡献尽在其中。

愿此书能对您的研究和学习有所帮助。

敬贈

年　　月　　日

中国摄影艺术年鉴

CHINA PHOTO ALMANAC

2011卷

主编：高健生

国际文化出版公司

·北京·

《中国摄影艺术年鉴》编辑委员会

主　　任：高占祥

编　　委：吕厚民　朱宪民　王玉文　王　悦　高健生　徐伟浩

主　　编：高健生

副 主 编：席世宏　王世学

责任编辑：杨　华

助理编辑：王　波

封面说明：

《景观·静观》系列之《绝岭翠微图》——摄影：姚璐

作品运用传统中国绘画的形式表现当代中国的面貌，中国在不断发展着，在不断的建设过程中有许多东西产生，同时也有许多东西消失了，那些"防尘布"覆盖的土堆和垃圾是一个普遍的现象。我们所做的一切应该是使社会形成良性转变。我们必须保护环境，我们努力工作意味着，社会将变得更加和谐。由于本书开本所限封面作品只作局部展示，敬请谅解。

目 录

前言

/高健生

100年前，辛亥革命推翻千年帝制，90年前，中国共产党揭开历史新页，我们当前生存的政治和经济生态，早在在100年前便规划了，在循序渐进中，历史的偶然成为了历史的必然。2011年当人们回顾之时，摄影家记下了这个瞬间。

2011年一群中国摄影界的代表人物在山东文登聚集，探讨中国摄影发展方向，他们是中国摄影家协会艺术摄影委员会的委员，我们选登了部分委员的作品和全国摄影家的作品共冶一炉，共同见证历史的时刻。

2011年中国摄影界争论最多的便是所谓“影像新锐”的问题，对于“新锐”一词的解释，各有不同，究其原因，无外乎其影像更加自我，更加抽象，更加远离“传统的摄影定义”。所谓传统定义，无论风光，无论纪实，更无论新闻，照相就要照的像，否则，“照相”二字，情何以堪！还好，除“照相”外，还有“摄影”一词。

自1839年摄影术发明以来，摄影基本上就是以记录真实为其基本特征的，于是人们把这一基本特点绝对化，成为“传统的摄影定义”。

影像的真实有两种：客观真实和主观真实。早有人说：摄影师一半是工程师，一半是艺术家，作为工程师，需掌握相机和其他技术手段，而作为艺术家，则应具有高于现实的艺术抽象能力，两个能力的组合，就是为了能从客观真实中提炼出主观真实，如风光摄影家对于戏剧性光线的搜寻，如纪实摄影家对于决定性瞬间的把握，如所有摄影家对于质感和层次的追求，这些都是摄影家利用客观真实表达主观真实的条件，而主观真实正是一个摄影家的风格之所在。

“诗言志，影从心”，主观的真实，这是更加难以表述的真实，也是难以理解的真实，它不像具象的东西，喜怒哀乐尽在其表，对于主观的真实，需要意会，需要深刻的思考和对作品创作背景的了解。我认识的一位摄影家，以花卉为题材，作品曾经是那么阳光绚丽，而当他病入膏肓时，作品却是那么灰暗迷茫，不明真相的人，看后不以为然，知道真情的人看后黯然神伤，似乎从中看到了生命的凋谢过程，这是他真实的心路历程。

《中国摄影艺术年鉴–2011卷》的封面用了一张“当代”而“新锐”的青年摄影家姚璐先生的作品，他利用多张具象图片拼合成中国古代山水画卷的形式，现代数码技术和传统艺术形式相得益彰，作品表达的是一个抽象的观念，即当代人对生存环境和发展代价的思考，真实的客观和真实的主观合二为一，这组作品在艺术上和商业上都取得了成功。

2012年春晚上年轻歌手萨顶顶演唱的歌曲《万物生》中有四句极端晦涩的歌词，给人印象深刻：“我看见山鹰在寂寞两条鱼上飞，两条鱼儿穿过海一样咸的河水。一片河水落下来遇见人们破碎，人们在行走身上落满山鹰的灰。”具象的如此抽象，抽象的如此具象，虚无缥缈中若即若离的心灵真实。

“廉颇老矣，尚能饭否？”对于“当代新锐”作品，即便是专家，也要警惕思想的僵化，表达主观真实也许是一种趋势，让摄影更深刻。

聚焦大河上下，长城内外，乐山乐水，见仁见智

一镜走天涯，风月无边

中国摄影艺术年鉴

贰零壹壹卷

神龙天降／摄影：高占祥

香格里拉的高山杜鹃／摄影：吕厚民

岗巴古堡日出／摄影：周建松

岗巴县位于我国西南边陲、西藏自治区南部、喜马拉雅山中段北麓，紧靠世界屋脊——珠穆朗玛峰，绵绵雪山环绕。岗巴古堡是一个土砖垒成的古代城堡，从岗巴县城就可以看到位于东北面的古堡雄姿。这里一直是岗巴宗的边防要地，置身其中，犹如走进中世纪的欧洲城堡，虽然历经600年风雨和战争，城堡已残破，但地势险要的山坡上，残墙断壁陡立，夕日风骨犹存。

广西　八角寨/摄影：倪益瑾

八角寨，又名云台山，海拔818米，坐落在湘桂边陲，越城岭和雪峰山余脉交汇的地方，隶属广西资源县。位于群山拱卫之中，横空出世，独占鳌头，寨顶飞出八个犄角，形似八条峥嵘的巨龙远翘，故称八角寨。它是我国乃至世界稀有的丹霞峰林地貌，被国内外众多著名专家称为"丹霞之魂"。

长白山天池初夏／摄影：樊兆吉

阿里山的迷雾/摄影：徐伟浩

穿越阿尔金山/摄影：王金祥

穿越阿尔金山/摄影：王金祥

穿越阿尔金山/摄影：王金祥

穿越阿尔金山/摄影：王金祥

雪魂/摄影：王伟时

大漠驼铃/摄影：王文祥

羊群/摄影：李超

秋韵／摄影：许嘉炯

日暮时分／摄影：曹毅强

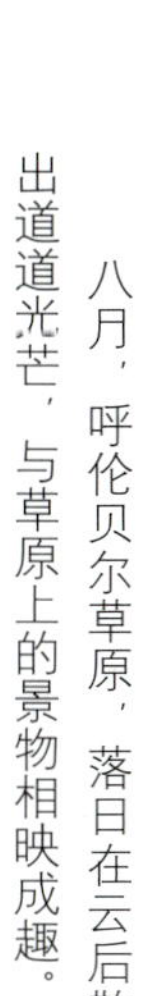

八月，呼伦贝尔草原，落日在云后散射出道道光芒，与草原上的景物相映成趣。

云山／摄影：李超

草原晨曲／摄影：赵宁

草原春色／摄影：叶良生

新疆好地方，春色无限好。早晨，草原上的帐篷升起缕缕炊烟，周围散落的马儿、羊群像点缀在草原的点点露珠，太阳从东边山上冉冉升起，金色的阳光将草原染成一块五彩色板，色彩斑斓，好一幅美丽诱人的春光图，令人神往。

牧场秋色／摄影：杨金鹏

骏马奔驰／摄影：王孝贵

红山军马场，位于河北和内蒙古交界处的坝上旅游风景区内，有着悠久的历史和灿烂的文化，改革开放后又增加了许多现代气息，成为一条旅游靓丽风景线，深受旅游者好评。清晨，群马出圈，顺山而上，马蹄触处，尘土飞扬，气势雄伟，令人震撼。

牧归／摄影：王孝贵

坝上草原是河北和内蒙古的重要旅游风景区，就像美丽的庄园一样，既有西方的风格特点，又有中国北方的文化蕴涵，一年四季各有特色，环境优美，风景秀丽，景色迷人，秋季更加灿烂。傍晚，放牧人迎着一丝霞光，赶着成群的牛羊，走在回家的路上，那种喜悦的心情和美满幸福生活无法用语言来形容。

草原牧歌/摄影：黄云鹤

朝阳升起在代钦塔拉草原上，羊群走过长满了五角枫的山坡，画出了一幅绚丽和谐的秋日牧歌图。（代钦塔拉是内蒙古科右中旗代钦塔拉苏木所在地，位于美丽富饶的内蒙古大草原大兴安岭南麓的松辽平原过渡地带）。

秋桦夕韵/摄影：马志君

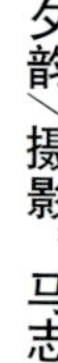

晨韵/摄影：潘世家

多伦草原/摄影：苗建国

战风雪/摄影：李刚

白马/摄影：李刚

雾霭中／摄影：王殿成

守护／摄影：王殿成

山西阳高守口堡长城/摄影：韩春来

守口堡长城是明代修建的大同镇关口堡，位于山西省阳高县境内。据史载，为明嘉靖二十五年（1546）年设，隆庆六年（1572）砖包，城周“一里二百二十步，高三丈五尺。”只城东有一门，明时在此驻守备，分守长城“十三里，边墩二十三座，火路墩四座”。

大地牧歌／摄影：曾达宏 呼伦贝尔额尔古纳的湿地。当我早晨去拍日出时发现大批的羊在湿地间游走，我被眼前的阵势震撼了。

金秋牧归／摄影：石宏

牧羊／摄影：陈明月

驼队／摄影：陈明月

辉腾锡勒大草原

/摄影：杨军

“辉腾锡勒”蒙语意为寒冷的山梁，是世界少有的典型高山草甸草原，星罗棋布着九十九个天然湖泊好似珍珠般洒落在草原上，她既有牧区草原苍茫雄浑的格调，又有江南水乡明媚清秀的色彩。每年5月到10月期间，这里凉爽宜人、绿草如茵、鲜花似锦，清澈透明的湖水与蓝天白云交相辉映，独有的风车装饰着草原 展示她的神奇和美丽。

晨曦

/摄影：夏杨福

这是我用镜头对坝上清晨的一种理解和表达。我希望在被无数人拍摄过的坝上，通过镜头的运用，时机的把握，情感的抒发，拍出属于自己的所见所感。

珠洒银滩/摄影：付爱斯

沙洲驼铃/摄影：黄永巍

冬雪素描/摄影：张来福

祁连风情／摄影：脱兴福

草原晨曲／摄影：甘焯威

广东韶关丹霞山之晨／摄影：龚文基

塔克拉玛干沙漠边缘的胡杨/摄影：龚文基

天堂乐章/摄影：杨惠光

阿尔金沙漠上的野牦牛/摄影：蔡国强

守候／摄影：苏志勇

草原晨韵／摄影：李居传

风雪牧牛／摄影：樊兆吉

星轨／摄影：马兴江

梦胡杨／摄影：赵鹏飞

内蒙古自治区额济纳旗。美丽的胡杨，只有在你面前，我才愿意做一个痴情的人，并且以此为荣。胡杨千年不倒万年不死，刚直的胡杨，很好地诠注了什么是地久天长。我抱着秘密赶路，一路狂妄。一切都是为了你吗？大地如此辽阔！用我的如炬的目光无法抵达。用我的心，可以走近你，如同烈马。我在深夜吐着的烟圈，是哑剧的一部分。就像黑夜里静静的胡杨。

牧歌晨放／摄影：钟德清

岗巴古堡夕照/摄影：周建松

纳木错/摄影：周建松

纳木错是中国第二大咸水湖。位于西藏中部，湖面海拔4718米。湖的形状近似长方形，东西长70多千米，南北宽30多千米，面积1920多平方千米。为世界上海拔最高的大型湖泊。"纳木错"为藏语，而这个湖的蒙古语名称为"腾格里海"，两种名称都是"天湖"之意。

江孜古堡/摄影：周建松

江孜古堡位于西藏自治区南部，雅鲁藏布江支流年楚河上游北岸江孜县。江孜，藏语意为〃胜利顶峰，法王府顶〃。

木兰秋狝/摄影：孟延军　　所谓“木兰”，本系满语，汉语之意为“哨鹿”，亦即捕鹿。由于一般情况下是在每年的农历七八月间进行，故又称“秋狝”（古代指秋天打猎为“狝”）。

坝上云海/摄影：黄小森

奔马图/摄影：郑之

万马奔腾／摄影：黎鸣

若尔盖的黄河/摄影：王凡

若尔盖县位于青藏高原东部边缘地带，地处阿坝藏族羌族自治州北部。黄河与长江分水岭将其划为东西两部。东部群山连绵，峰峦叠翠，林涛澜荡；西部草原广袤无垠，水草丰茂，牛羊成群，素有〝川西北高原的绿洲〞之称。

炉霍的海子/摄影：王凡　炉霍县位于甘孜藏族自治州中北部，川藏317线从东南至西北贯通全境，历来为青藏间之要衢和茶马古道之重镇。

内蒙古额济纳旗巴丹吉林沙漠

/摄影：王礼贵

巴丹吉林沙漠位于内蒙古自治区的西部，是世界四大沙漠之一，总面积4.7万平方公里。海拔高度在1200—1700米之间，沙山相对高度可达500多米。其中的巴彦诺尔、吉河德沙山是世界上最高的沙丘。巴丹吉林沙漠年降水量不足40毫米，但是沙漠中的湖泊竟然多达100多个。在整个沙漠内部，仅有巴丹吉林庙和库乃头庙两大居民点，全部经营牧业，骆驼为该地主要家畜，数量居全国各旗县之冠。高耸入云的沙山，神秘莫测的鸣沙，静谧的湖泊、湿地，构成巴丹吉林沙漠独特的迷人景观。

西部风光/摄影：王玉海

新疆 阿尔金山 沙丘

/摄影：王礼贵

小山、沙堆、沙埂或由风的作用形成的其他松散物质叫沙丘。沙丘的存在是风吹移未固结的物质所致。沙丘通常与风吹沙占据大片面积的沙漠地区有关。该地区具有空旷、干燥、日照时间长的特点。沙堆中难得见有零星耐旱的植物。

迷春/摄影：关皓

新疆 阿尔金山 卡尔敦湿地

/摄影：王礼贵

卡尔敦的湿地，是水资源的"贮存库"和"净化器"，同时也是"物种基因库"。它具有多种独特功能的生态系统，不仅提供食物、原料和水资源，而且在维持生态平衡、保持生物多样性和珍稀物种资源以及涵养水源、蓄洪防旱、降解污染、调节气候、补充地下水、控制土壤侵蚀等方面均起到重要作用。

双月湾/摄影：陈菊芝　　位于广东省惠州市惠东县平海镇的双月湾因形状像两轮新月，左湾水平如镜，右湾波涛汹涌。

静谧的独山湾/摄影：褚新

山东省微山湖的西北部，有一个澄碧的湖湾，叫独山湾。独山湾中，有一个隆起的湖岛叫独山岛。它宛如一颗绮丽的明珠，静静地点缀在独山湾中。它的北面，是凫山山脉中的桃花山、凤凰山……山色、湖光、岛影，相映相衬，格外美丽。

梦里乡村／摄影：张在峰

安徽黟县芦村

轻舟荡漾／摄影：计宁海

三峡晴岚/摄影：高维生　湖北瞿塘峡

华山祈福/摄影：雷佳民

“三月三，朝华山。”祭祀祈福活动是流传了几千年的民间传统文化和宗教活动。每年农历三月初三，来自世界各地的华人华侨在西岳庙举办隆重的华人朝拜华山活动。2010年11月29日，我首次登上华山，有幸遇见几名游客在此朝拜，顿时，我深受触动，那不正是朝拜的显现吗！我拿起手中的相机，对着朝拜者的背影，迎着午时的逆光，按动了快门，留下了难忘的瞬间。

静谧/摄影：侯希智　　恋恋夕阳，映照湖面，水天一线。此时，夏日傍晚的湿地，一天，一水，一草，一叶扁舟……甚至连远道而来的我，都醉于这一天最后一米阳光带来的温暖、感动与壮烈。瞬间，万物坠沉其中，只剩617相机的一声〞咔〞，万籁俱寂。

自由家园/摄影：侯希智　　山东荣成，天鹅湖。晚霞剥掉最后一丝耀眼的强光，留给微波粼粼的湖面点点淡红，一群天鹅出演了一场充满温暖、安静、和谐、自由的舞剧《天鹅湖》

天堑变通途／摄影：姜保民

经川藏线318国道进藏，沿途万仞山谷，险处不须看，在澜沧江大峡谷，遥想六十多年前解放军第十八军的勇士，劈山开路，遇水搭桥，多少英灵长眠于此，化作一路格桑花守护着这条生命线，而今十八军的继承者仍在这条国道上奋战着，使得天堑通途永在，至此，不禁令人肃然起敬。

老林溪水／摄影：金昌国

江水谣／摄影：巴迎春

疑似圣光洒人间/摄影：李世权

广西蒙山县天湖风景区。

旧州烟雨/摄影：黄鸿放

广西百色市旧州镇。清晨雾气腾腾，突然下大雨，雨后，有一群大鹅在路上飞奔，恰好我在楼上，按下快门，得到这一张照片，多漂亮啊！

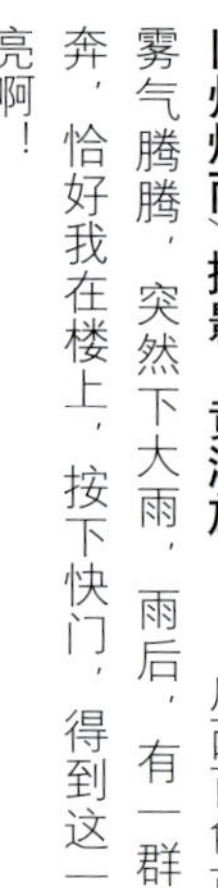

三峡晚照／摄影：戴运德

江南春早／摄影：蔡龙

渔歌唱晚／摄影：曹炯

霞光天上来／摄影：蒋和秀

山路弯弯／摄影：李佳

通天之路／摄影：兰建中

凤凰古城/摄影：孙敏

渔归/摄影：何峥

霞浦县，福建省宁德市辖县，是闽东最古老的县，曾是闽东的政治、经济、文化中心，是福建最早开放的对台贸易口岸，是"中国海带之乡"、"中国紫菜之乡"。

漫长的海岸线、五彩的滩涂，每天都演绎着不尽的优美，清晨、黄昏，瞬息万变的光影造就出梦幻般的绮丽美景。

日落时分

/摄影：张晞昌

港湾静悄悄

/摄影：张永刚

摄于南海永兴岛。永兴岛是南海诸岛中面积最大的岛屿，是海南省西沙、中沙、南沙群岛首府。岛上热带植物茂盛，林木遍布，主要有麻疯桐、椰子树、羊角树等。椰树成行，风光旖旎。属典型的热带风光。1949年后，在岛上先后建有办公楼、邮电局、银行、商店、气象台、海洋站、水产站、仓库、发电站、医院等生产和生活设施。岛上还建有环岛公路、机场、码头。

吉林 白山水库／摄影：倪益瑾

白山水库位于吉林省桦甸县境内的松花江上。

重庆 酉阳阿蓬江／摄影：倪益瑾

阿蓬江发源于湖北利川，是一条由东向西流的河流，它经黔江到酉阳在古镇龚滩注入乌江，全长249公里，为乌江第一大支流。阿蓬江在黔江境内冲破崇山峻岭，一泻千里，山高谷深绝壁对峙，形成独特的峡谷风光。图为重庆酉阳土家族苗族自治县段的阿蓬江。

天浴／摄影：刘正联

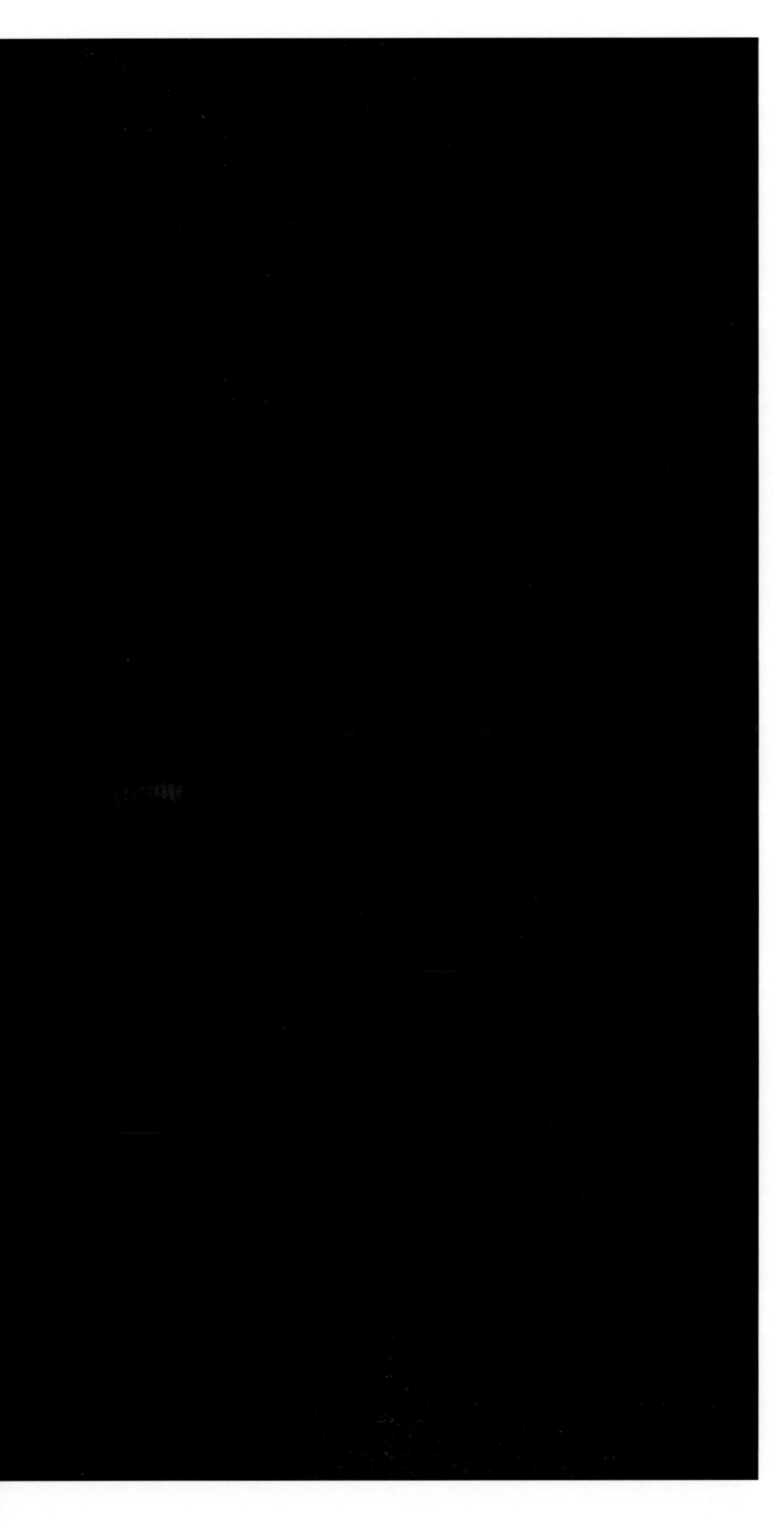

天佑苍生／摄影：席世宏

青稞架似长剑倚天，满月自天外飞来，这是天的护佑。今夜无风无雨，但见夜色四围的高原藏家灯火透窗，这是温暖的栖息。

大地的旋律/摄影：邱昌宪

雪夜禅意／摄影：高荣地

童话世界/摄影：孙建华

龙城夜色/摄影：李根记

“山清水秀，美丽宜居”的柳州，2011年被评为“中国十大美丽城市”之一。柳州，又称龙城，是广西重要的区域中心城市，是一座底蕴浓厚的历史名城和文化名城，也是一座充满风情的旅游名城。柳州的民族风情独具神韵，壮族的歌、瑶族的舞、苗族的节和侗族的楼，堪称柳州“民族风情四绝”。夜幕降临，华灯初上，夕晖和着灯光，全城流光溢彩，夜色给龙城平添无穷的魅力。

大漠余辉/摄影：邓士平　当仅存的一抹夕阳就要隐去时，沙漠的轮廓展现眼前，那种美简直让我陶醉。

大漠人体/摄影：邓士平　最后落日映照在沙漠的一瞬间，一种特殊的造型一下吸引了我的注意力，我被另一种美所打动。

新疆帕米尔高原/摄影：王宏力

霞映三杰

／摄影：吴明

古老的黄河石林

／摄影：吕世宏

当我们从甘肃省景泰县龙湾，乘坐羊皮筏子，渡过黄河河曲，来到石林景区老龙沟时，顿时被沟谷两侧陡崖凌空、千寻壁立的雄伟壮观的气势所震慑！据说那就是四百万年前，大自然造山运动所造就的，鬼斧神工般的石林奇观。

这里呈现的是一幅粗犷、雄浑、朴拙、厚重而又现实的西部风情画。

梦里江南

/摄影：李斯尔

绿江河畔

/摄影：闫天立

绿江位于丹东宽甸县，那里有大片的湿地。由于地处偏僻，仍保留着原始风貌。民风古朴，山水纯真，是人们亲近自然回归自然的理想之地。被誉为〝北方的香格里拉〞。

巫峡烟云

/摄影：孙敦福

清晨，俯瞰巫峡上空，云海涌动，巫峡红叶与阳光、云海相衬分外娇艳。

慕士塔格峰主峰

/摄影：李长兴

慕士塔格峰位于新疆阿克陶县与塔什库尔干塔吉克自治县交界处，海拔7546米，为帕米尔高原上第三高峰。

大好河山／摄影：卢权正

清晨／摄影：刘永峰

飞越西部/摄影：谢远文

飞越西部/摄影：谢远文

无垠草原／摄影：王克民

琼库什台／摄影：张传庆

新疆琼库什台

湿地晨曦/摄影：于大力

大风歌/摄影：李庆玉

千华云海/摄影：孙铁

千华山又名千山，位于辽宁省鞍山市东南17公里处，千山由近千座状似莲花的奇峰组成，自然风光十分秀丽。

桃红又见一年春／摄影：陶云

白杨树下金达莱／摄影：刘伟妮

金达莱，又叫映山红、尖叶杜鹃，兴安杜鹃，主要生于山坡，草地，灌木丛等处。

胡杨礼赞／摄影：李福龙

卜算子

咏胡杨

梦里寻数度
终见胡杨树
大漠万木皆枯萎
唯尔春潮注
金甲展雄姿
笑看百花妒
昂首屹立数千年
美名扬九州

胡杨风彩／摄影：李福龙

胡杨诗画／摄影：赵永胜

梦幻和谐

斜阳照耀胡杨，映亮了
树下走过的男人女人和骆驼
天与地，光亮与阴影
人与自然，梦幻般和谐。
与胡杨朝夕相处的人
想必磨砺出胡杨的性格：
朴实，坚执，
生生不息
庸常生活，
亦有斑斓闪烁。

地老天荒

被凶恶的雷电击倒
被肆虐的风暴撕裂；
倒伏的胡杨呵，残躯如弓
亲吻着患难与共的大地。
肩膀仍然擎着使命
托护一枝生命的新绿；
就这样地老天荒，
生命不息
看上一眼，
令人震撼不已。

大漠江南

并非幻觉。这茫茫大漠
呈现出江南水乡的秀色；
胡杨婆娑于碧湖
苍劲与秀美融合。
大漠如此多娇啊
天光与水影一色
盼有飞鹰舞动落霞
再添几分寥阔与魅惑。

且舞且歌

风沙是大漠的常客
流云从树梢飞过；
排排胡杨如列阵的壮士
镇定自若，且舞且歌。
或许风沙的缘故
胡杨更加饱满壮硕；
枝干作矛，
叶片作盾
捍卫尊严，
抵御侵略……

秋林/摄影：袁政文

阿尔山火山口秋色／摄影：袁政文

金光映照／摄影：田跃初

胡杨礼赞/摄影：白忠祥

胡杨虽然生命力极强，被赞誉为“生而不死一千年，死而不倒一千年，倒而不朽一千年。”但是，它无论如何也逃不出长期无水的灾难，最后只落得千年胡杨活不过百年、泪干沙园。是大自然的轮回记录了英雄胡杨悲壮的沧桑。

千山初雪/摄影：周安妮

河边的老樟树/摄影：罗旭

映山红／摄影：李铁成

归途／摄影：李铁成

村晓／摄影：于福金

仙境／摄影：宋锦琳

红枫

/摄影：王焕顺

每年的九至十月是本溪最美的时候，枫叶红了，五彩斑斓，因此本溪也被称为枫叶之都。

色彩斑斓

/摄影：王焕顺

辽宁本溪老边沟风景区，这里山林茂密，水源丰富，山谷清幽。清晨阳光照在树叶上，光影迷离，细枝在风中轻轻摇曳，仿佛在向人们讲述老边沟鲜为人知的故事。

滴水秋醉

/摄影：赵扬名

湖南祁阳茅竹镇滴水岩村座落在湘江岸边，这里山青水秀，每当夕阳西下时，山峦叠翠，江面上的小舟不时地在轻轻摇动，显得格外凝静和悠闲，如一副古朴的山水画卷呈现在众人面前。

湖光映渔舟／摄影：董觉群

银子岩溶洞／摄影：王建国

广西荔浦县。进入溶洞，一道道五彩光线照在洞内，顿时被这个宛若瀑布的石壁所吸引。

走进五明佛学院／摄影：苟寿成

四川色达五明佛学院自1985年成立以来，经过二十多年的发展，目前常住僧徒上万人，以藏传佛学为主要课程，成为世界上现存最大的佛学院。

松赞林寺／摄影：吴龙春

纳帕海草原风光／摄影：吴龙春

纳帕海草原风光／摄影：吴龙春

峡谷奇观

/摄影：徐原

山道弯弯

/摄影：梁健开

川西往亚丁途中，鸟瞰山下，山道迂回曲折，谷底的村庄刚好有一缕阳光照射，异常明亮，与弯曲山道组成奇特画面。

海市蜃楼

/摄影：郎晓光

海岸暖阳

/摄影：郎晓光

黔北民居

/摄影：周访华

小青瓦，坡面屋，转角楼，雕花窗，白粉墙构筑而成的“黔北民居”镶嵌于青山绿水之间。

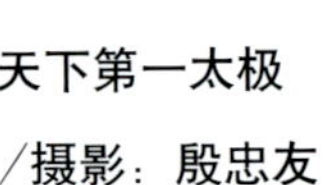

天下第一太极

/摄影：殷忠友

湑水河是汉江的第一大支流，发源于秦岭深山的太白县境内。它穿过秦岭的重重山岭奔腾而出，当湑水河流经城固县城以北22公里处时，形成一个非常壮观的道教的标志——太极图。

硕果

/摄影：林其勉

春暖五龙亭

/摄影：张金凯

广东省肇庆市星湖。春光明媚，柳枝吐绦，湖面如镜，远山岩面陡峭，映衬得五龙亭更加庄严雄伟，水中倒影更增添了诗意。

千古晨光／摄影：刘满仓

牌楼晨光／摄影：刘满仓

空中田园/摄影：张万春　悬崖上珍贵的一小片水田和层层叠叠高低起伏的山峦，张家界给我们展现了又一张俏丽的面庞。

心语

/摄影：王新正

卡拉麦里/摄影：俞兆龙

卡拉麦里地处新疆北部准噶尔盆地古尔班通古特大沙漠的东缘、乌伦古河以南、北塔山西部、将军戈壁以北。20世纪80年代设立保护区以来，蒙古野驴、鹅喉羚等野生动物明显增多，普氏野马自2001年首次放野以来逐渐适应野外生活，成为卡拉麦里自然保护区的一道美丽的风景。立足于卡拉麦里这片荒漠戈壁，可见地势起伏多变，形成大大小小的山包，高者不过数十米，凹地则是被洪水冲击而成的临时河道。

喀纳斯夜色／摄影：左伟

冬河晨捕/摄影：张传庆

白雪皑皑看西江/摄影：莫章海

2011年1月，一场大雪持续近半月，通往西江景区的道路已封闭，没有游客的西江显得平静而自然，白雪皑皑的西江在傍晚灯光的衬托下另是一番景象。西江镇位于贵州省雷山县的东北部，由平寨、白岩、羊排、东引、乌嘎、水寨、南贵、也嫣八个自然村寨组成。分别坐落在白河河畔的平川和河两岸的高山峻岭之上。现有1000多户人家，约5000余人。苗族占到全寨中人口的百分之九十九以上。西江有着悠远的文明史和发展史，是苗族文化的重要发祥地之一。

南迦巴瓦峰

/摄影：姜广伟

南迦巴瓦峰，是中国西藏林芝地区最高的山，海拔7782米，高度排在世界最高峰行列的第15位。它还有另一个名字“木卓巴尔山”，其巨大的三角形峰体终年积雪，云雾缭绕，从不轻易露出真面目，所以它也被称为“羞女峰”。“南迦巴瓦”在藏语中有多种解释，一为“雷电如火燃烧”，一为“直刺天空的长矛”，还有一为”天山掉下来的石头“。后一个名字来源于《格萨尔王传》。

俯瞰巴松措

/摄影：姜广伟

巴松错又名错高湖，藏语中是“绿色的水”的意思，是西藏东部最大的堰塞湖之一，湖面海拔3700多米，面积达6千多亩，位于距林芝地区工布江达县50多公里的巴河上游的高峡深谷里，是红教的一处著名神湖和圣地。

丹霞地貌

/摄影：荆民丰

张掖市位于中国甘肃省西北部，古称“甘州”，即甘肃省的“甘”字就由此得来。中国丹霞地貌总数达790处，集中分布在东南部、西南部以及西北部干旱区的26个省区。其中，张掖丹霞地貌面积达536平方公里以上，是我国干旱地区最典型和面积最大的丹霞地貌景观，地貌造型也非常丰富。

梦幻老爷岭

/摄影：李春

巴音布鲁克大草原
／摄影：王正才

雨后的新疆巴音布鲁克大草原，云雾缭绕，马儿在柔和的光线中悠闲地吃草，一幅自然美的画面映入眼帘。

俯瞰南迦巴瓦
／摄影：孙历君

多彩大地／摄影：李勇俊

俯瞰木吉泥火山／摄影：李勇俊

新疆阿克陶木吉乡的泥火山。

五大连池火山口／摄影：徐波

在中国黑龙江德都县北部，讷漠尔河支流——白河的上游，分布了五个波波相映、池池相连的湖泊，人称五大连池。环绕着五大连池，十几座火山拔地而起，层峦毗邻，雄伟壮观。这就是中国著名的火山群之一——五大连池火山。

五大连池火山口/摄影．徐波

佛光普照天堂寨/摄影：郭凌娟

天堂寨位于安徽省金寨县西南部，连续几日的秋雨过后，天堂寨出现壮观的云海。站在主峰白马尖上环顾四周，但见苍崖磊磊、皱褶叠叠，云海翻滚，犹如一幅巨大的画卷，云雾缭绕间美景若隐若现，恍若人间仙境。上午九点半，在忽浓忽淡的云雾间，出现了一圈五彩斑斓、光芒四射的 “佛光”。

走西口/摄影：李光映

“走西口”是近代中原人向西北迁徙的一段壮举。在甘肃省中部黄河景泰峡谷中，清晨的光线在奇峰中碰撞游动，形成奇特的光影，一辆驴车在峡谷中穿行，在巨大的山峰下留下一个人类的印记。我脑中不由闪出走西口人们的身影，或许当年走西口人们就穿行在这美丽又荒凉的地方，带动了西北的繁荣和发展。

巨蟒出山／摄影：孙旭东

三清山云雾缭绕、美景如画，巨蟒出山与东方女神两个主要景观同时出现在此画面里。

靖西风光／摄影：黄信廉

广西是风光秀丽的好地方，靖西也不例外。靖西县境内以溶蚀高原地貌为主，山明、水秀，以奇峰异洞、四季如春的自然风光闻名遐迩，又有山水“小桂林”之誉。

宝塔尽朝晖

/摄影：蔡天生

峨眉日出

/摄影：刘同喜

峨眉山夜雨居多，常常是雨雾晨曦。雨过天晴后，鸟瞰纵横千里云海，在云海的波涛中，升起一轮红日。

赣江两岸尽朝晖/摄影：周木杨

南昌是座历史文化名城，悠久的时空孕育了灿烂的文化，南昌又是一座红色英雄城，八一军旗曾在这里冉冉升起。近几年来，南昌以超常规速度创建文明花园城市，市容市貌发生了巨大变化。城内五桥飞架赣江东西，气势恢宏；两岸林立的高楼与美丽的风光浑然一体，真可谓;美景这边独好！

诗画山水间/摄影：银铭钦

共浴/摄影：聂寒冰

流逝的表情/摄影：陈恩强

流逝的表情/摄影：陈恩强

山村

/摄影：赵毅

乡村晨韵

/摄影：何光民

一团团飘动的云雾穿梭在广西大化县贡川乡清坡村的屋子和树丛间，暖暖的阳光透过薄雾洒在村边的田间，幻化出神仙般的意境。

放学了／摄影：高志平

大漠胡杨/摄影：陈玲

恶梦——大海啸/摄影：刘干文

2011我的海/摄影：岳国明

湖面风景/摄影：赵立军

内蒙古赤峰市克什克腾旗坝上蛤蟆坝水库，几棵长在水里的枯树连同映在水里的倒影，从山坡上俯瞰下去别有韵味。

春天里的使者/摄影：吴小地

我听朋友说颐和园飞来好几百只天鹅，就立即去了，随后的十几天里，天天等在那里拍摄。当时拍摄的人很多，颐和园来了这么多的天鹅几十年未见过，据说是气候异常，天鹅不得不选择这里落下休息。可它们非常怕人类，躲在湖中央，除个别不睡觉值班的外，头扎在翅膀下边一动不动。虽说是好几百只，好多天里也没有精彩的场面出现，再加上连阴天，常常空手而归。功夫不负有心人，3月23号那天上午10点左右随着一叶小舟的出现，成群的天鹅起飞了，我一直目送它们向西北方向渐渐飞远了。

山水共映/摄影：彭丽君

冬日恋歌／摄影：兰利军

晨雾中／摄影：宋占峰

驼影/摄影：李戍

幽谷秀水／摄影：张立彦

上下婆娑/摄影：梁鼎勋

在散射光的环境下，宁静的水蒲，反影出茂密的葵林，上下婆娑构成一道幽深的景象。

墨秋/摄影：刘建轩

秋到桐桥／摄影：陈长生

怒放的生命／摄影·胡晶

伏尔加庄园位于哈尔滨市香坊区成高子镇阿什河畔，是一个以俄罗斯文化为主题的庄园。暴风雨将临，整个伏尔加庄园乌云密布，这棵树——不屈不挠的姿态像是向天空展示强大的生命力，不经历风雨，怎么见彩虹……

乌蒙磅礴/摄影：陈忠平　　拍摄于云南省昭通市昭阳区大山包乡。

高原明珠—纳木错/摄影：王月

2011年，西藏和平解放60周年之际，我有幸进藏拍摄。进藏第二天来到纳木错，当时我的高原反应很厉害，又带着沉重的设备，胳膊和手都变得发紫，但是周围的景象深深地吸引了我，在仅有的三十分钟里我疯狂地按下快门。现选择其中的八片连成了一幅长卷，展现高原明珠的全景图。

长白山天池印象／摄影：彭丽君

红色之旅／摄影：何松青

辽宁省盘锦红海滩

乡间／摄影：王肇航

雅丹夕照/摄影：李正茂

甘肃敦煌

黄河之水天上来/摄影：李正茂

甘肃玛曲

三清秀色

/摄影：何国祥

三清山位于江西省上饶市玉山县与上饶德兴市交界处，为怀玉山脉主峰。

天山云雪

/摄影：郑学学

乌鲁木齐飞往那拉提草原的飞机途经天山，白云飘逸的天山冰雪覆盖，气势壮观。

太行秋色／摄影：史宇飞　山西武乡板山

太行秋色／摄影：史宇飞　山西武乡板山

醉美神奇的雅丹风光/摄影：黄坚

甘肃敦煌雅丹国家地质公园。风侵蚀后的岩石别有一番风情，有人称“魔鬼城”。但我觉得更像海市蜃楼，迷人而梦幻。

草原晨曲/摄影：朱惠振

经幡映雪峰

/摄影：王秀杰

7782米高的南迦巴瓦峰是喜马拉雅山东部的最高峰，终年被云雾缭绕。我们一行在去雅鲁藏布大峡谷途中，有幸一睹真容。路旁是政府扶持建设的牧民新居，飘扬其上的经幡，把雪白的山峰衬托得更加圣洁。

羊卓雍错

/摄影：李帮学

羊卓雍错，距拉萨不到100公里，与纳木错、玛旁雍错并称西藏三大圣湖，是喜马拉雅山北麓最大的内陆湖泊，湖光山色之美，冠绝藏南。

晨雾

/摄影：李亚荣

亚丁新农村

/摄影：香玉环

亚丁，位于四川甘孜州南部稻城县日瓦乡境内。由于特殊的地理环境和自然气候，形成了独特的地貌和自然景观，是我国保存最完整的一处自然生态系统。被国际友人誉为“水蓝色的星球上的最后一片净土”。

壁仞千尺／摄影：李鸿文

太湖夕照／摄影：窦川如

金猴观海／摄影：陈建荣

我们新疆好地方／摄影：唐力

朝拜／摄影：陈凌

大地符号／摄影：原野

从空中俯瞰陕北大地，那神奇地面构图仿佛是一个个文化符号，见证着陕北再造秀美山川的业绩。

粤北山城耀彩虹/摄影：赖继平

韶关市位于广东省的北部，北接湖南省郴州市、江西省赣州市，南连珠江三角洲，被称为广东的北大门，是粤北政治、经济、文化中心和交通枢纽。现辖乐昌市、南雄市、曲江区、武江区、浈江区、仁化县、始兴县、翁源县、新丰县、乳源瑶族自治县。

君山神韵/摄影：赵荣生

岁月留痕

/摄影：曹永权

老牛湾：光 云 船共渡

/摄影：矫桂芳

当我们从内蒙古呼和浩特市清水河县乘快艇返回偏关县(山西省与内蒙古清水河县接壤)，正往农家乐住处归时，突然云缝中漏出了四射的光芒，而此时一艘快艇恰巧进入了光影中，终于抓拍到光云船共渡之状态。

焰火流金／摄影：李光

那曲草原／摄影：朱静

那曲草原在那曲县境内，藏语意为"黑河"；整个地区在唐古拉山脉、念青唐古拉山脉和冈底斯山脉怀抱之中，西边的达尔果雪山，东边的布吉雪山，形似两头猛狮，守护着这块宝地。一望无际的无人区，栖息着野牦牛、藏羚羊、野驴等许多国家一级保护动物。

金秋／摄影：梁启钦

紫气东来／摄影：李峰

经幡下／摄影：郝金城

历史的守望／摄影：张玉玲

雾锁台山／摄影：安小慧 七月的一天五台山下了一夜的小雨，早晨推开窗户，山间大雾弥漫，朦胧的雾与天相连，神秘莫测，苍山青松在其中更加挺拔。

山村暮色／摄影：赵万松

颐和园谐趣园之春/摄影：刘培恩

颐和园谐趣园之冬/摄影：刘培恩

月光下的沱江

/摄影：袁立山

来到凤凰正是农历七月十五——传统的中元节，故地重游，想拍些不一样的景致，于是避开了熙攘的人流，背着器材沿沱江而下，远远地，将凤凰的晚妆展现在江畔的倒影之中，也将十五的圆月一并收纳进来，神奇的沱江辉映着世间的璀璨迷离，此情此景静谧而深远，不期而遇的鬼节为今晚的凤凰再添一分神秘，耳边传来似有似无的人声，恍惚着立于江畔许久，我亦对着明月遥寄思念……。

雾色弥漫/摄影：孙德波

大雾下的青岛海滨在灯光的映射下呈现出一种梦幻般的色彩，海边建筑也浸染在这迷蒙的雾色之中。作品后期采用滤镜将照片进行鱼眼式的变形，加强画面的梦幻感觉。

鸭绿江畔的闪电/摄影：单志瀛

祥和的现代都市/摄影：劳荣基

广州花城广场位于广州新中轴线，大型的音乐喷泉恢宏壮观，晚上在一曲曲娓娓动听的音乐旋律中，微妙的喷泉在多彩的灯光衬托下，展示着多种造型，赏心悦目，美不胜收。

时空对话/摄影：周笑真

灯光瀑布/摄影：柏建华 重庆市的夜景闻名中外，春节期间，长江石板坡大桥的引桥部分，用灯光装饰一新，犹如瀑布一般，如梦如幻。

古城余晖/摄影：唐安 西安古称长安，始建于公元582年，初名"长兴城"，周长约35.5公里，总面积约84平方公里，是我国历史上最宏伟壮观的都城。历经千年风雨仍遗存完整。1961年被国务院列为全国第一批重点文物保护单位。

南通风光/摄影：许厚本

凤凰古城／摄影：夏刚

凤凰古城，这座位于沱江之畔、群山环抱的国家历史文化名城，因其独特的自然风景和特有的文化气质，在现代社会中呈现出少有的历史厚重感。清晨，沱江蜿蜒，河水清冽，浆声舟影，山歌互答；江面的水气、清晨的雾气交织在一起，江边随意停泊的船只，好一派宁静安详、动静皆宜的小城风光。

高空俯视 壮丽的黄浦江/摄影：王玉清

高空俯视 浦东新姿/摄影：王玉清

高空俯视 壮丽的黄浦江/摄影：王玉清

高空俯视 浦东新姿/摄影：王玉清

上海是中国最大的经济之都，也是世界十大港口城市之一。上海的飞速发展及变化是中国现实社会的缩影。今日上海的变化让来上海的外地人无不为之感叹不已。当你参观完上海环球金融中心后走进第94层咖啡厅休息时，凭栏远眺，放眼俯视，黄浦江两岸的壮丽风光尽收眼底，大上海就在你的脚下。现代化、时代化的上海正与世界同步。

功不可没——昆明巫家坝国际机场/摄影：邓喜平

位于昆明市东南部的昆明巫家坝机场始建于1922年。1937年抗战爆发，以昆明巫家坝机场为基地的“驼峰航线”成为连通中印的生命线。1956年4月又从这里开辟了昆明经曼德勒至仰光的新中国第一条国际航线。如今，昆明巫家坝国际机场已成为年旅客吞吐量达2019万人次的重要的国际口岸机场、全国起降最繁忙的国际航空港之一，目前有31家国内外航空公司开通了到达这里的187条航线。伴随着昆明长水国际机场的即将投入使用，这个有着近百年辉煌历史的机场，也将完成她的历史使命，成为人们心中不可磨灭的记忆。

展翅欲飞——昆明长水国际机场/摄影：邓喜平

位于昆明市官渡区大板桥镇附近的昆明长水国际机场，是国家“十一五”期间唯一批准建设的大型门户枢纽机场，距市中心直线距离约24.5公里，项目总投资230余亿元，规划目标为近期满足年旅客吞吐量3800万人次，远期满足年旅客吞吐量6500万人次，飞行区本期建设两条平行跑道，其中东跑道长4500米，西跑道长4000米，建设站坪停机位84个，航站楼建筑面积达54.83万平方米。机场建成后，可以起降目前世界上最大型的A380宽体客机，将以节能型、环保型、科技型的现代化绿色国际机场身份成为云南省最完美的形象工程和最典型的标志性建筑，成为我国面向东南亚、南亚，连接欧亚的国家门户枢纽机场。照片中的昆明长水国际机场金色航站楼，远远望去，昂首挺立，似鲲鹏，如雄鹰，展翅欲飞，建好的停机坪、跑道和正在建设的塔台一目了然，给人们展示出一幅壮丽的画卷。

今夜星光灿烂/摄影：严仁瑞

位于上海环球金融中心第100层（高474米）的观光天阁是一条长约55米的悬空长廊，为目前世界上最高的观光设施。从这里能360°观看上海主要代表建筑。从上而下俯拍上海第二高建筑金贸大厦，反衬出该观光厅之高度。热闹的大都市灯光景观，犹如"星光灿烂"。

瑞雪兆丰年/摄影：江军

南国“春茧”／摄影：周晓辉

深圳湾体育中心这座新崛起的建筑物线条优美流畅，巨型网格状钢结构屋盖将体育场、体育馆、游泳馆三个场馆包裹在内，好似一只巨大的蚕茧，横卧在深圳湾畔，故有“北有鸟巢，南有春茧”之说。第26届世界大学生夏季运动会开幕式在这里举行。

北京中关村科技大厦夜景／摄影：汤伟

沸腾矿山／摄影：杨秀敏

沸腾的工地／摄影：王雨兰

疯狂崛起的鄂尔多斯房地产/摄影：杨秉政

30年前的鄂尔多斯高原贫穷且偏远，虽北与草原钢城——包头一条黄河之隔，却因没有桥梁，车过黄河只有靠轮渡，冬季来临，黄河封冻，轮渡停运，只有靠十几座的安-2型飞机进出。南与陕西相邻却因毛乌素沙漠阻挡变得孤独难耐。

鄂尔多斯地下有煤是世人皆知的事，只因当年国家经济不发达，能源再丰富也没人稀罕。没想到憋了30年，煤炭的能量变得如此巨大，竟能带动内蒙古的GTP增长全国第一！竟能使西部大动脉——京藏高速天天大堵车！竟能使当地的房地产业天天看涨，房价大有超京赶沪之势！

但是，耗资上千亿元打造的康巴什新城，却几乎无人居住。白天政府办公室开门办公，几辆汽车驶过多车道公路。偶尔出现的行人沿着人行道孤独地行走，仿佛恐怖电影中大灾难过后的幸存者。2011年下半年，鄂尔多斯楼市全面崩盘，据一位长期生活在鄂尔多斯的人士透露：继高利贷危机之后，康巴什楼市大面积降价，从去年的均价每平米10000元暴跌至现在3000多元。

飞翔的韵律／摄影：王亚兰

天鹅／摄影：夏莲香

镜泊初冬／摄影：方殿君

船／摄影：曲家文

哺/摄影：田景玉

寸土必争/摄影：田景玉

空中芭蕾/摄影：田景玉

搏击/摄影：田景玉

谁与争锋/摄影：田景玉

哺育／摄影：张志国

凤求凰／摄影：裴烨

嬉戏的小鸭／摄影：张林

较量／摄影：邵平

美食/摄影：江云华

翔/摄影：王协义

精灵的乐园

/摄影：程竹林

黄河三门峡大坝库区三湾湿地，在当地政府和人民群众的呵护下，自然生态平衡，鸟类繁多，每年冬天都有很多白天鹅到这里栖息越冬。

飞越/摄影：邓琼南

掠水／摄影：康树杰

起舞／摄影：康树杰

翱翔／摄影：马春雷

戏水／摄影：马春雷

多伦草原生态保护区/摄影：苗建国

内蒙古多伦县经十多年的退耕还林、围封转移工程以来，生态环境发生了巨大变化，绿色植被覆盖率由不足30%上升至85%以上，多年不见的野生鹿、狍子、黄羊也出现在生态保护区。

和谐画卷/摄影：马广祥

黄土塬上新娇客／摄影：洪国忠

曙光初照／摄影：洪国忠

猎手/摄影：王武

白鹭在捕到食物后，其他白鹭会赶来争抢，这就迫使其在飞行时尽快地吞下去，画面中白鹭警觉的眼神和小鱼儿绝望的眼神互相冲突增强了故事性，强调了自然界〝适者生存〞的法则。

春晖/摄影：王武

阳光、微风、翠绿的家园，鹭妈妈悉心照顾着宝宝，等待着鹭爸爸的归来。大爱无边，人鸟无界。

天鹅／摄影：薛杰

金色家园／摄影：薛杰

比翼/摄影：杨遂理

戏水／摄影：陈正源

母爱／摄影：李增斌

觅食／摄影：张大义

明争暗斗/摄影：汪江

北京动物园湿地河边的野生翠鸟的第二窝幼子。现已是亚成鸟，在这块能捕鱼的木桩上已争斗半个月。将最后在一窝5仔中争出霸主，连父母都不让。

精灵/摄影：蒋永贵

丹东白鹭村自然保护区

圆舞曲／摄影：毛尧泉

燕语心声／摄影：朱连瑞

瞬间／摄影：朱晓华

美丽家园／摄影：徐宝库

眷恋／摄影：侯亚丽

荷塘古韵/摄影：杨颖

山花烂漫/摄影：张亦萍

小蚂蚁/摄影：张亦萍

蒲絮畅想

/摄影：张荫鳌

秋天飘扬的蒲絮，不禁使人浮想联翩。

晨之精灵

/摄影：张荫鳌

宁静的清晨，小草上的两滴露珠犹如两只眼睛，惊奇地看着飘落在小草身上的不速之客蒲絮。此景充满了灵气，可谓晨之精灵。

秋天的梦幻/摄影：肖社会

拍摄采用多次曝光手法，画面呈现出秋天朦胧梦幻的效果。

左图：

风吹荷叶露娇艳，鱼跃鸟袭得美食/摄影：朱泉林

这幅照片是用二底合成的，它展现了大自然中的荷塘、鱼儿、鸟儿的美妙生动、动静相依的瞬间。

左图：

风吹荷塘花起舞，月上瑶池留红影/摄影：朱泉林

古往今来，人们赞颂荷花，喜爱它的花、它的叶、它的根茎、它的果实、它的色香、它的风格、它的神韵。它是诗人笔中的诗，画家眼里的画，佛家心中的圣花。它被奉为美的最高体现。

这幅照片拍摄时荷塘风很大，荷叶摇来晃去，我就采用三次曝光拍摄，后期在用Photoshop把荷花和月光组合在一幅画面上，使之充满动感。

荷韵——出淤泥而不染/摄影：吴晓华

出淤泥而不染是人们对荷花的赞美，而通过镜头再现出它那清晰、细腻的纹理更能呈现出她出淤泥而一尘不染的“美德”，使人赏心悦目。

野塘残荷图

/摄影：杨信生

自然中散发的荷韵来自荷塘光影的律动。记录飘移的光影所展现的画面，是将具象、印象、抽象合而为一，它是自我情愫表述的外衣，传递了情景依恋的精神结点。

翠鸟残荷图

/摄影：周文

柿香古韵/摄影：翁自力　　厦地村位于福建省屏南县屏城乡东南部，距屏城乡8公里，历史上素有屏南四大书乡之一的美称。厦地村座落于202县道旁东下方，傍山结居，小溪流从中贯穿，村中建有古祠堂，祠堂与几座古宅院门口立有旗杆座。此处山高水秀，古木参天，有人间仙境之称。

莲／摄影：唐建祥

莲，花之君子 出淤泥而不染 濯清涟而不妖

水上森林／摄影：顾兆明

相伴／摄影：林幼玲

守护／摄影：张友富

山丹丹开花红艳艳／摄影：孙英

欢鸽迎春／摄影：周红军

荷／摄影：赵小林

莲花境界／摄影：徐悦范

运用500mm折反镜头会对光斑形成甜甜圈的特点，烘托出荷花的空灵感。

秋天素描

／摄影：王忠慧

嫣红

／摄影：周洪岐

山花浪漫/摄影：曹巍嵩

山中的野杏花，经软件多幅照片叠加处理而成，经过处理，作者认为更能表现野杏花在山中的状态。

荷/摄影：李宗印

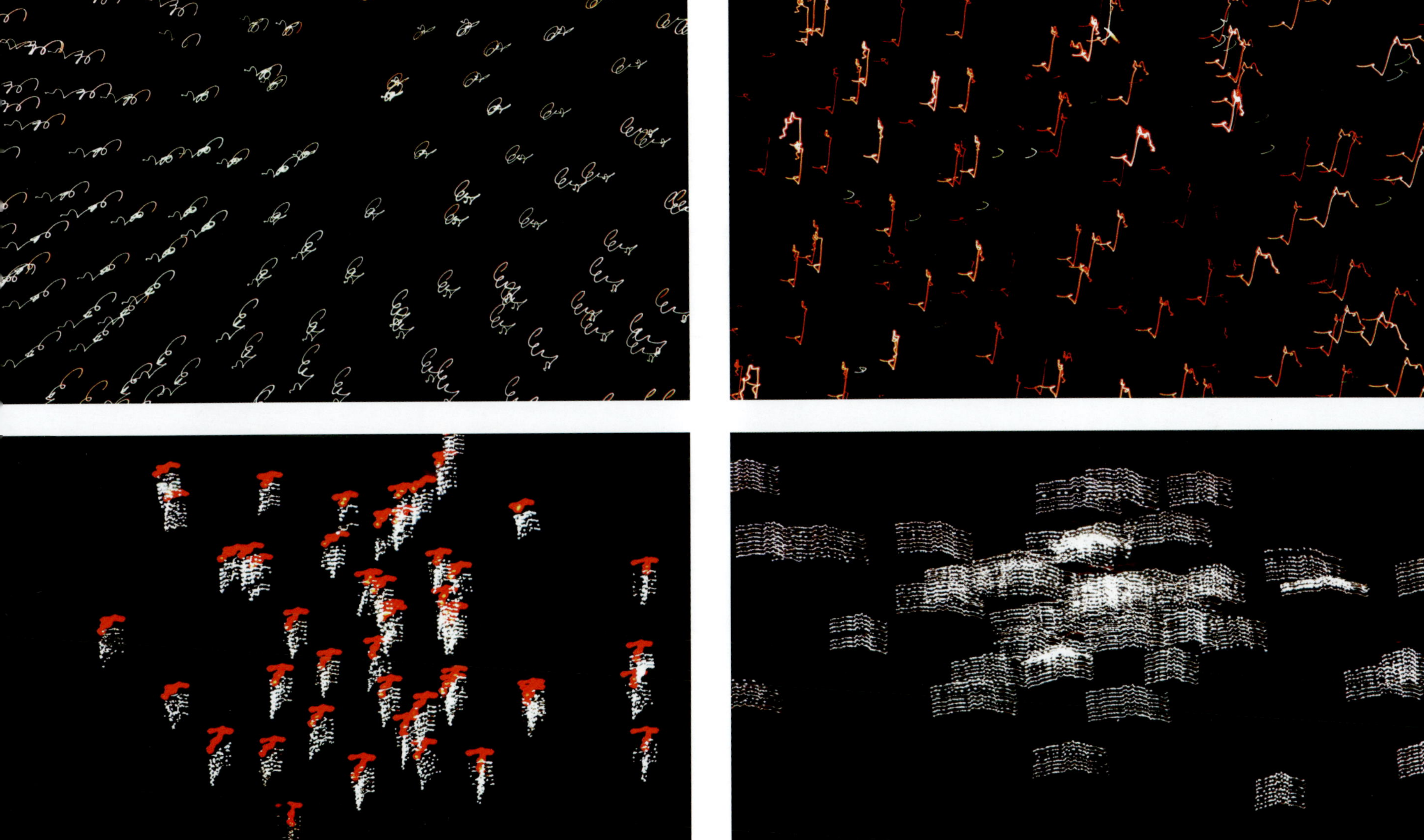

天书\摄影：文学林

悬浮山的由来/摄影：孙建华

墨梅／摄影：朱尧

当代山水/摄影：甘森忠　　利用白色垃圾袋拍摄，并通过数字后期制作完成如中国山水画，喻意当代塑料制品对环境的破坏。

捏造的风景/摄影：管一明

当理性、逻辑的经验封固思维的时候，艺术创造就变得沉重，艺术创造需要阳光，需要清新的空气和足以让心自由翱翔的空间。艺术家要做的就是永远创造不一样的作品。

创新、创意，改变、改革，其实都在推崇一个“新”，强调一个“变”。“新”和“变”让艺术更具生命力。艺术成为时尚，并不只是社会需求；也是个体生命的需求。在艺术创造中植入快乐会收获更大的快乐，植入轻松会收获更大的轻松。

抽象摄影是具象摄影的反向游戏，是艺术家情绪的倾诉。

广场基调／摄影：高宪杰

张家界神韵／摄影：邓元良

感受世间寒暑，人生冷暖，岁月无痕，心中有爱

一图胜千言，

中国摄影艺术年鉴

贰零壹壹卷

80后的青年工人/摄影：王玉文

度过一生犹如渡过海洋/摄影：王瑶

步行街人流／摄影：郑宪章

上海南京路步行街。利用正午的顶光和高反差，使人物呈剪影状，艺术效果明显。

燃烧的激情／摄影：陈张平

滚龙闹春——贵州寨英古镇彩龙文化/摄影：彭年

位于美丽神奇的梵净山脚下的贵州省松桃县寨英古镇，是全国著名的“滚龙之乡”。据有关史料记载，寨英建置要比松桃县早300年，距今已有600多年的历史了。寨英滚龙全长36米，共分17节，用34人轮番舞动。以9根拇指粗的竹篾捆扎连接成龙骨，近500个直径2尺左右的蔑圈等距排列连接成龙身，再以整幅的白布画上斑斓的鳞甲，罩在篾圈上。龙头以粗竹扭固成框架，再蒙上事先描绘好龙头模样的布料。更为别致的是，龙头龙身装满彩灯，夜晚舞动时，晶莹剔透，五光十色，有如彩虹飞舞，尉为壮观。

在寨英人心目中，滚龙是吉祥万能的象征，它不仅能祛除各种魔障，确保一方安宁，而且能行云布雨，赢得五谷丰收，是寨英人祥和安宁、足食丰衣的保障，因而，想方设法得使这条滚龙永久长驻。于是，每年新春佳节，都要舞滚龙，代代沿袭，流传至今。

水乡龙舟/摄影：马春玉

地处珠三角的广东省佛山顺德区杏坛镇，水网密布。每年的五月初八喜好龙舟活动的村民们聚集在镇中的河道上，数十上百艘各村的龙舟竞相亮技，或比速度、或比武艺、或展鼓乐、齐声呐喊、互不相让，一番热闹景象，成为远近皆知的节日民间风俗。

厮杀

单挑

镇沅九甲乡杀戏

/摄影：李春华

在云南镇沅县九甲乡果吉村，流传着一种原始而古老的戏剧——杀戏。因其所演剧目有《六国封相》、《三战吕布》、《龙虎相会》、《存孝收节海》、《天宫》、《观音送子》、《白猿偷桃》等30多个历史、宗教题材折子戏。多有砍砍杀杀的场面而得名，在当地民间又称之为“老砍刀戏”、“大戏”或“正戏”。杀戏长期封闭于哀牢山腹地之中演唱，与外地隔绝而始终保持其古朴风貌，又因扎根于当地民间，受当地地方语言、民间音乐的影响，与滇戏相近，但不同于滇戏，故称为“九甲杀戏”。杀戏是目前云南省内独一无二的民族民间稀有戏种。

震撼的泼水节／摄影：郑明

龙腾虎跃送吉祥／摄影：方通泉

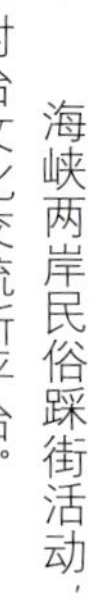

海峡两岸民俗踩街活动，已成为厦门市节庆文化新亮点。对台文化交流新平台。

福中知福／摄影：东宝珍

这对居住在石家庄市的梁老夫妇，已经年满80，为庆祝建党90周年，老人早早重新更换了室内对联，等候儿孙们放假回来，欢庆一堂。这是孩子们回家前，老俩口正在排练"没有共产党就没有新中国"秧歌舞。

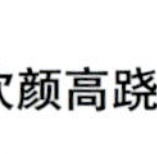

欢颜高跷

/摄影：黄勇

陕西宝鸡陇州即现在陇县，地处渭北黄土高原南部。陇州社火是我国保留最完整的原生态民间文化历史遗存。人们通过耍社火，看社火，倾诉心中的喜悦，祈求来年风调雨顺，国泰民安。

狮舞

/摄影：蒋学昌

传统婚礼——上轿

/摄影：韩敏

现在杭州的姑娘结婚，流行用传统婚礼形式，即坐花轿。男方的轿车队停在马路边，新郎扶着花轿去姑娘家接新娘，新娘出门走红地毯，到花轿边由娘舅抱上轿，再在轿内换上红皮鞋，然后由一支吹奏的迎亲队伍把坐着新娘的花轿抬到男方的轿车队边上，再由娘舅抱下轿，抱进男方婚车里。

神秘阿里／摄影：周建松

阿里地区，位于青藏高原北部羌塘高原核心地带。阿里是喜马拉雅山脉、冈底斯山脉等山脉相聚的地方，被称之为〝万山之祖〞。同时，这里也是雅鲁藏布江、印度河、恒河的发源地，故又称为〝百川之源〞。

草原姐妹/摄影：张辉

青海玉树的草原姐妹花，眼中眺望的是草原无限的美景，心中向往的是更加美好的生活。

悄悄话/摄影：李小韬

追梦格萨尔/摄影：屈原骏

传唱千年的史诗《格萨尔》主要流传于青藏高原的藏族、蒙古族、土族、裕固族、纳西族、普米族等民族中，以口耳相传的方式讲述了格萨尔王降临下界后降妖除魔、抑强扶弱，统一各部，最后回归天国的英雄业绩。

撒隆达/摄影：赵岚

隆达(藏语音)，汉语叫风马，属于纸印风马，是对天神、山神、赞神和龙神以及佛事祭祀活动时祭献抛撒的吉祥物。它是和风马旗并用的，一般在渡口、过山垭口的时候拿出来扔，一是对神的敬畏，二是对鬼怪的孝敬，是沟通世俗与灵界的通用媒介(就相当于汉族烧的纸钱)祈求平安。

香格里拉——藏族人家/摄影：李东红

圣湖汲水

/摄影：屈琳

西藏阿里圣湖玛旁雍错北岸。晨间，藏族妇女身背水壶来到河边，汲取雪山融水形成的清澈河流之水，远处为玛旁雍错和纳木那尼峰。

转经

/摄影：唐植欣

高原祈福

/摄影：楚天舒

插箭节/摄影：韩松

插箭节是藏族民间流传的古老的由祭祀仪式衍化而成的节日。在远古时代，当藏族社会由采集、捕猎阶段进入到农牧业经济后，人的力量已越来越多地显示出来，人们开始由对动物等的图腾崇拜，转到人类自己身上。部落祖先中那些最强悍的英雄，逐渐被人们奉为可驱逐一切魔鬼、灾祸、主宰人生死的“保护神”。插箭节仪式，实际上就是祭祀、祈求“保护神”保护的仪式。

母与子/摄影：许怀祥

母女情/摄影：马文绚

佛光映经堂/摄影：曾逸

阿须草原位于四川德格县东北部，是藏族英雄格萨尔王的故乡。在弥勒佛经堂的开光典礼上，经堂里的众僧们齐声吟唱着，一时间，金色的阳光洒落在弥勒佛的金冠上，犹如佛光普照人心，智慧之源在此刻开启。

嬉闹中的小喇嘛

/摄影：李许林

每年的农历十五，在甘肃碌曲县郎木寺都举办插箭节，实际上就是祭祀、祈求“保护神”的仪式。这是插箭节后，小喇嘛在欢畅地嬉闹。

牧场的早晨

/摄影：盛仁昌

老伴儿/摄影：张治军

扎西德勒/摄影：周桦

祈福／摄影：吕仁仲

劳动的快乐／摄影：胡庆全

窗里窗外／摄影：王战军

梵界／摄影：吴卫平

早春，拉萨的一个黄昏，天气非常寒冷，北风吹来令人不寒而栗。围绕布达拉宫转经的人流已经散去。此刻，只见一位藏族老阿妈独自走来，在布达拉宫东墙外一边走、一边念叨着祝语。

擦擦/摄影：李小勤

脱模泥塑，在西藏称之为“擦擦”，即指泥制的各种小泥塑、小佛塔等，先用凹型模具挤压脱模，然后晒干，有的再经烧制或彩绘。成品多流传民间，一般与玛尼石、经幡形影不离，常出现在佛塔、圣山洞窟、神湖边、玛尼堆和转经路上。

制作擦擦的模具一般为铜、铁器，也有木器或陶器，因为此物体积小，便于随身携带。它不同于刻玛尼石，或印制经幡，不需要技术，也不需要任何专门的材料，只要有一个模具和随地可取的泥土即成。所以用擦擦供奉神佛的最多。

擦擦在西藏也是有等级之分的。通常所见的是一般的泥土制作，所以在民间流传很广。制作时在泥佛的背面粘入青稞或其它吉祥物之类，以显示制作者的虔信和对美好生活的祈望。

朝圣之路/摄影：涂文安

情系石渠/摄影：张锐

石渠位于青藏高原东南缘的川、青、藏三省区结合部，北起巴颜喀拉山南麓，南抵沙鲁里山脉的莫拉山段，西北部与青海玉树州接壤，西南面与西藏江达县隔江相望，东南面与色达县、德格县毗邻，距康定696公里，距成都1070公里，境内平均海拔4000米，幅员面积25141平方公里，草地面积约占90%，有“四川省第一畜牧业大县”之称。

悠悠乐韵伴赞歌/摄影：程志刚

在祖国62华诞的日子里，蒙古族人民和全国各族人民一样在党中央正确领导下，人民生活水平不断提高，日子过得幸福甜美，牧民歌手正一边演奏着优美的乐曲，一边深情地唱着颂扬党和祖国的赞歌。

开心少女／摄影：周迅

冬日恋歌／摄影：张大义

民族之魂／摄影：邹德臣

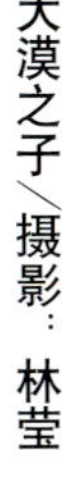

大漠之子／摄影：林莹

牧场晨曲／摄影：翁兴天

丑牛出征/摄影：王苹

萨满舞/摄影：彭禄祥

2011年4月23日抚顺梨花节开幕式上，满族演员跳起了传统的萨满舞。

草原恋歌

/摄影：陈宗权

夏天的呼伦贝尔草原，天空湛蓝，草地纯青，处处散发出浓厚的幽香，一对身着民族服装的恋人，手拉手在草原上欢歌笑语。大面积的绿色衬托出主体人物，让人赏心悦目，感受到大自然的清新。

希望

/摄影：韩栓柱

在塔什库尔干塔吉克老乡家里，长年在县城工作的姐姐借过年的机会给妹妹辅导功课，妹妹专注的神情和姐姐认真的讲解都给古老的土屋带来了希望，给帕米尔高原带来了希望。

骏马踏雪／摄影：吉久利

致富路／摄影：黄耀

天湖牧歌

/摄影：张诚忠

新疆赛里木湖，古称"净海"，位于中国新疆博尔塔拉州博乐市境内的北天山山脉中，紧邻伊犁州霍城县，是一个风光秀美的高山湖泊。

驰骋秋色

/摄影：周思民

坝上的秋色在骏马飞腾起的烟尘里灵动鲜活了起来，疏密有秩，虚实相间，群马的腾跃驰骋，牧马人动态优美的背影英姿，在深秋莽原上奔向远方，奔向秋色的深处。奔腾激起的飞扬尘土如烟幕一般，在黄昏斜阳侧逆光的透射下，迷茫神秘，使画面具有了层次感、透视感和灵动感。红褐的主体色调与日落前湛蓝天空的对比，给人以金秋的整体视觉感受，营造出一种油画的艺术美感。

晨牧/摄影：张治军

一路虔诚/摄影：段文杰

四川甘孜州塔公草原。

远山的守望/摄影：王仁伟

新疆特色食品／摄影：魏向东

新疆是我国的一个多民族自治区，在乌鲁木齐举办的第二十届中国厨师节期间，新疆展示了其最有代表性、号称“新疆第一”的特色食品。

烤羊肉串：烤羊肉串是维吾尔族最有名气的小吃，发源于吐鲁番，至今已有近2000年的历史。这个烤炉号称“新疆第一烤炉”。

烤全驼：烤全驼是新疆少数民族特别是维吾尔族人膳食的一种传统特制肉制品，号称中国第一大菜，也为世界第一大菜。

新疆烤全牛：新疆的烤全牛闻名全国，至今已有一千多年的历史。烤全牛通常烤的是小牛，重量200多公斤，一般选择1岁到1岁半的牛，肉质鲜嫩。

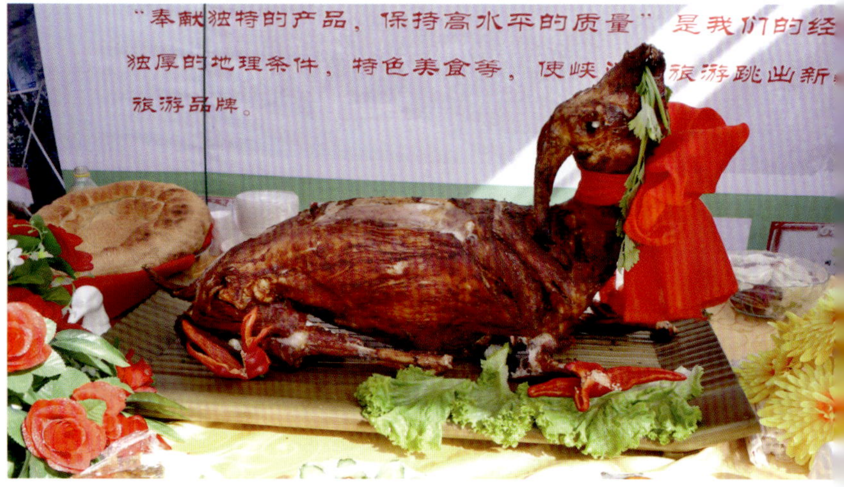

烤全羊：烤全羊是新疆少数民族尤其是维吾尔族的一种传统地方风味肉制品，一道富有民族特色的大菜，是该民族数千年来游牧生活中形成的传统佳肴，是新疆少数民族招待外宾和贵宾的名肴。

馕：馕是新疆各民族最喜爱的主要面食之一，也称新疆的“土面包”，古代称胡饼或炉饼，已有两千多年的历史。馕大约有50多个品种，常见的有肉馕、油馕、窝窝馕、芝麻馕、片馕、希尔曼馕等等。

手抓饭：手抓饭是新疆维吾尔族等少数民族最喜爱的传统食品之一，有数千年历史。手抓饭营养丰富，具有食补的功效，是维吾尔族过节、待客的必备食品之一。由于当时食用还未时兴用筷子或勺子吃饭，最初是手抓食，故得此名。

大盘鸡：新疆大盘鸡起源于19世纪90年代初期，原创地在新疆的沙湾县，据说出自于当地的一家清真饭馆。由于大盘鸡色彩鲜艳，爽滑麻辣，辣中有香，美味可口，经济实惠，很快就在全新疆范围内广泛流行，几乎家家户户都有人会做，

新疆“第一馕”

傣族姑娘/摄影：李鸿文

苗族花山节前的装扮/摄影：高健生　2011年6月6日(端午节)，云南昭通地区大山包乡小河边村举行苗族“花山节”庆祝活动。花山节是当地苗族群众最热闹的节日。他们身着节日盛装，芦笙悠悠，歌声扬扬，用舞蹈、对歌、射箭、穿针、篮球比赛等丰富多彩的文体活动庆祝自己的节日。

彝家汉子

/摄影：宋大明

长角苗

/摄影：萧云集

位于贵州省西北部的六枝、织金、纳雍三县的交界处的大山深处，生活着苗族的一个支系，这里的女子用一支木制长角以及亡故祖先的头发伴之以黑麻毛线束成发簪，装束极为奇特，故称“长角苗”。

盘头帕

/摄影：乔启明

贵阳市花溪区高坡乡的苗族汉子，至今仍保持着逢年过节或村里有喜事时在头上盘头帕的古老习俗。由于头帕长约20米，需由三名以上苗族妇女帮助才能盘成。

"给我拍一张"

/摄影： 李志国

时代在进步，生活在提高。在欢贵州苗族姊妹节上，无论男女老幼，无论公园街边，到处都可见人们手持各种型号的相机或合影，或自拍，留下盛装的倩影，记录幸福的生活。

斜阳

/摄影：杨福海

阿细祭火

/摄影：王珊

“阿细”为彝族的一个支系，阿细人崇尚火，据说远古的时候人类是吃生食，自从发现火的用途后就学会了吃熟食，阿细的先祖们为了感谢火，就每年定期举行祭火仪式，一直流传至今。阿细人从生下来时要在火塘边进行的命名仪式以及很多活动都离不开火，一生都与火结缘，所以阿细人把火尊为神。

独龙族/摄影：孙大虹

时间：2011年5月19日下午2点。

地点：云南省怒江州贡山县自然保护局职工宿舍。

户主：和秀英、女、53岁；女儿金春花26岁；儿子金春光29岁；儿媳余晓青26岁（全家独龙族），同院独龙族邻居和亲戚朋友。

职业：单位职工。

家庭经济情况：属中等水平。

瑶族/摄影：孙大虹

时间：2011年6月10日下午4点。

地点：云南省红河州元阳县马街乡瑶寨村27号。

户主：王友明、男、57岁；妻子李三妹、54岁；夫妻二人生有一子三女，三个女儿已出嫁，家中还有儿子、儿媳、孙子一同生活。

职业：农民，主要经济来源种植粮食。

家庭经济情况：年收入15000元左右。

怒族/摄影：孙大虹

时间：2011年5月18日晚上8点。

地点：云南省怒江州贡山县丙中洛乡甲生村青那重丁组。

户主：刘杰安（怒族）、男、70岁；妻子拉姆（藏族）、64岁。全家三代23人，三儿两女都成家，孙子女9人。

职业：农民，种植业、养殖业、餐饮业。

家庭经济情况：年收入年收入20000元。

藏族/摄影：孙大虹

时间：2011年6月22日9时35分。

地点：云南省迪庆州香格里拉县建塘镇解放村委会从古龙社。

户主：马金春、女、46岁；丈夫七林定主49岁；父亲马长寿68岁；母亲追玛67岁；大女儿卓玛拉初23岁；女婿孙诺年扎24岁；大孙子茸江初5岁；二孙女贡桑措姆2岁；二女儿格茸卓玛21岁。

职业：农民，饲养牦牛，种植青稞和土豆。

家庭经济情况：生活水平处于当地中上水平。

重担/摄影：苏立锁

归/摄影：苏立锁

欢乐的象帽舞/摄影：韩璎

象帽舞是朝鲜族富有代表性的一种舞蹈形式，在延边朝鲜族自治州的汪清县一带广为流传，深受朝鲜族居民喜爱。每逢节日庆典，人们就跳起欢快的舞蹈，摇动色彩缤纷的象帽，线条流畅的长长飘带旋转如风，在舞者周围画出各种光辉耀眼的美妙彩环。

花腰歌舞/摄影：李杨轩

水鼓舞/摄影：莫章海

贵州省剑河县革东镇大稿午村苗族“水鼓舞”，已有600年历史。是当地苗族群众祭拜祖先、祈求风调雨顺的祭祀活动。舞者打扮奇特，舞姿古朴奔放，场面热烈壮观。被专家、学者誉为民族原始舞蹈的“活化石”。2006年被贵州省人民政府列入省级非物质文化遗产名录，2009年参加第五届CCTV舞蹈大赛荣获群众文化组金奖，当年曾出访加拿大。现已成为旅游开发项目，对游客开放。

闹春／摄影：姚建中

童趣/摄影：魏多

好奇/摄影：牛世云

在广西与湖南、贵州接壤的三江县境内，有八个连成一片的侗族山寨，不仅完好地保存着侗族的木楼建筑、服装饰品、歌舞文化、生活习俗等古老传统，而且在与现代生活交融中继续发扬光大，成功地发展为令人流连忘返的旅游新村，这就是三江侗族自治县程阳八寨。早餐后到程阳八寨拍摄侗族民俗歌舞表演，到寨子里拍摄民俗民居，这几位侗族妇女看到来了这么多摄影人给她们照相，不知谁说了一句什么，她们好奇而友好地看着我们。

致富帽

/摄影：周培莉

劫后余生

/摄影：角菊芬

遭遇强暴雨形成的水灾，淹没了一楼大多数店铺，此为一农贸市场商家在洪水退去后清点还可利用的物品，力争把灾害损失降到最小。

佤族/摄影：李焕生　　佤族，主要分布在云南省西南部山区与半山区，即澜沧江和萨尔温江之间、怒山山脉南段的“阿佤山区”。

背竹篓的老汉/摄影：丁肇骏　　这位老汉已年过七旬了，每天用竹篓背修路的石子上山，背一趟能挣2元，每天往返10余趟。

火焰山吐峪沟村的孩子

/摄影：王辉

新疆吐鲁番火焰山下吐峪沟村多姿多彩桑葚文化风情节，是儿童们最欢乐的日子，穿上漂亮的花裙子，跳起欢乐传统民族舞蹈，精彩的民俗活动吸引来八方嘉宾游客，许许多多童趣喜悦，陶醉在桑葚无限、风情无限的节庆之中。

农家秀

/摄影：蔡青青

选村官/摄影：麦柏安

民主选举，讨论德才兼备的候选人，选出群众心目中的好村官。

早点摊/摄影：祝英培

江西省金溪县秀谷镇的平民百姓日常生活。

休渔时节／摄影：邱海雄

广西北海市银海区侨港镇偌大的渔港，1300多艘大小渔船分门别类停泊在渔港里，渔民每天的活动丰富多彩，理网、运冰、搬运渔货，船上、码头都非常热闹，交易声此起彼伏。渔船上，偶尔有几个光腚的小孩玩耍、沐浴。

赶海人／摄影：王波

心愿／

摄影：盛宪忠

革命老区皖南石谭，农民投票选举新村委班子。

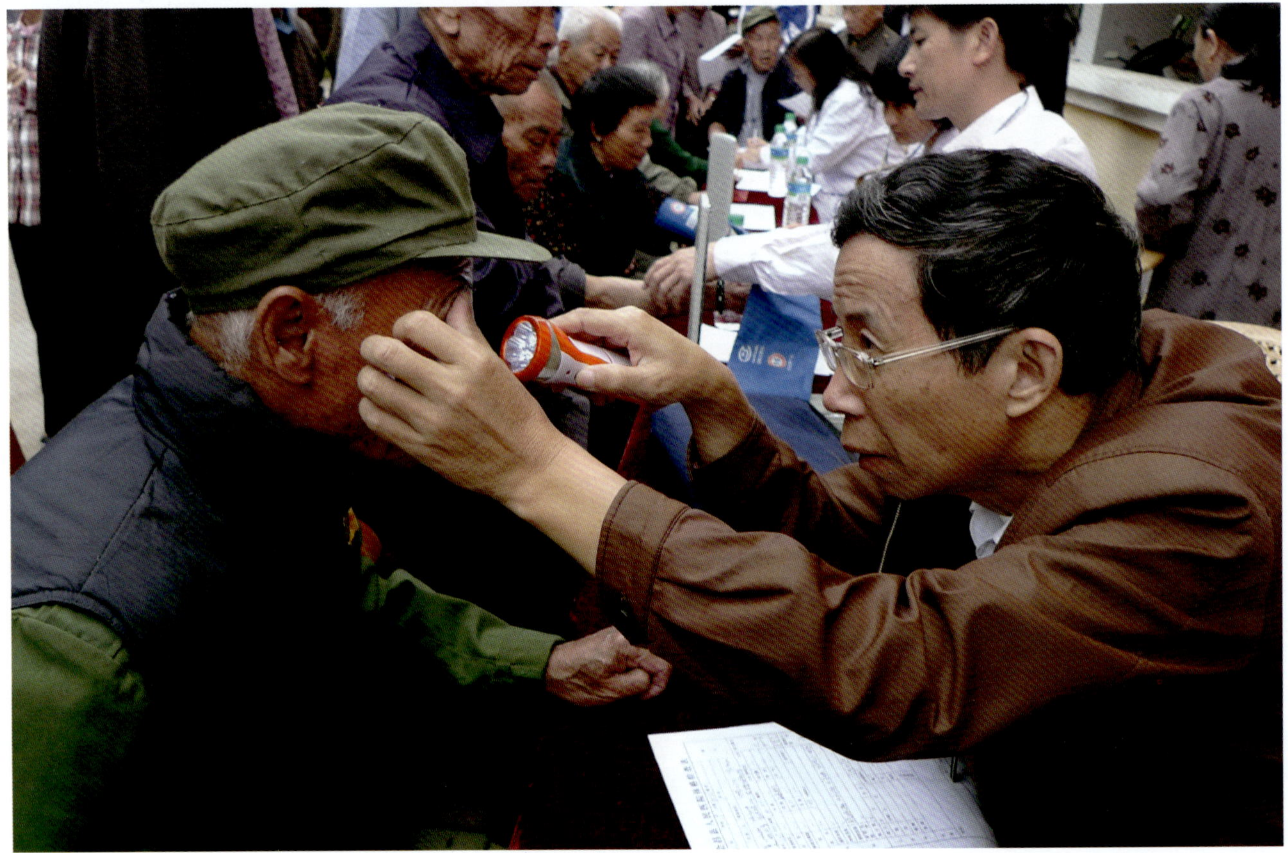

光明使者

／摄影：曾冬梅

片片豆腐情/摄影：王泉金

晒蜜饯/摄影：王国中

太湖情/摄影：周时雨

辽西高跷秧歌/摄影：王雁翔 辽西高跷秧歌的特点是跷高，最低的90公分，依次升高，最高的可达240公分，演员需坐在房檐上绑跷腿。因跷高且富弹性，舞者为保持全身平衡，双臂必须上下不停摆动，才能表演自如，由此构成辽西高跷“大大舞”的基本动律。也因为跷高，辽西高跷秧歌形成了扔、跨、蹲、别、拧等技巧和美、浪、俏、哏、逗等形态，动作潇洒漂亮，场面热烈火爆，有扭中美、美中浪、浪中俏、俏中哏、哏中逗等突出的表演特色，充分展现了辽西人的豪迈性格。

文化遗产：民间皮影展风采／摄影：侯宝信

继辽宁省凌源市的皮影被批为国家非物质文化遗产后，今年喀喇沁左翼蒙古族自治县的皮影被批为省级非物质文化遗产。那里的人们以皮影为业，走南闯北演出。

我是一个兵/摄影：于沈光

冬牧/摄影：李增斌

苇客/摄影：梁建勇

祭海

/摄影：胡毅田

辽宁大连庄河石城岛。每年的正月十三，是辽东湾的渔民祭海的日子。辛勤劳动了一年的渔民期盼着今年有个好收成，正月十三的晚上，全家来到海边，举行一个简单的祭海神娘娘的仪式，许下一个愿望，然后把自己亲手扎制的海灯放到海中去。

丰收的季节

/摄影：胡毅田

辽宁大连庄河石城岛。5月是黄海海虹收获的季节，人们凌晨出海把养殖的海虹从海中捞到船上，回到岸边马上就得把海虹煮熟，然后再晾干。今年是个丰收年，不知道渔民能否卖个好价钱。

冶炼印象/摄影：赵丹

中国工厂的俄罗斯工人/摄影：邹大宁

钢厂农民工/摄影：易佳

人与船/摄影：翟钢

洞头渔村，
海潮退去，
船靠码头，
卸下满载的鱼虾，
拴上粗壮的缆绳，
让伤痕累累的船歇息。

码头开工，
男女齐上，
光影相随，
把工具当作画笔，
不怕衣帽油彩斑斓，
只为健康的船身再现。

人与船，
和谐相伴，
代代续传。

石墨工的尴尬/摄影：高玉峰

爸爸一路走好/摄影：林树森

2011年7月9日凌晨，吉林市公安局公交分局民警刘长江，在与犯罪分子搏斗中壮烈牺牲，7月12日9时吉林市政府为其召开万人隆重追悼大会，烈士的儿子在灵车前为爸爸的遗像披上黑纱，祝愿他一路走好。

年轻的琢玉人／摄影：贾峻峰

中国四大名玉之一的岫玉，以产于辽宁鞍山岫岩满族自治县而得名。近年来，与岫岩隔山为邻的海城瓦子沟逐渐成为集原料的加工、销售于一体的前店后院式的岫玉产销集散地。17岁的小学徒刘玉强正在雕刻玉石，同时，也雕琢着自己的人生。

火车／摄影：肖殿昌

港口之夜/摄影：张喜全

高铁铺轨人／摄影：徐云华

古柏古庙香烟缭绕/摄影：冷敏述

风雨独归

/摄影：崔元和

五台山中台顶，阴雨绵绵的黄昏，空旷寂寥的寺院，湿漉漉的地面和清晰而又模糊的殿宇倒影，以及撑伞提壶而归的老僧，既显示着方外之人的孤独和寂寞，也浸透着出家生活的平淡和宁静。

学生祭孔

/摄影：谢特生

今年是孔子诞生2562周年，恰逢柳州市文庙重建落成一周年。柳州各界民众举行祭孔大典，以祭祀先师孔子，弘扬中国传统文化。广西工学院和柳州文惠小学师生一千多人在文庙大成殿前举行千人诵读和舞蹈表演。

上呼下应／摄影：杨海燕

走街串巷

/摄影：杨波

胶东农村闲暇时节村民爱扭秧歌，每当逢年过节，村里婚嫁之日，村里的秧歌队就会走街串巷为大家表演。

古镇小巷

/摄影：高金刚

福建省连城县培田古镇

庆祝中国共产党九十华诞/摄影：莫文铸

2011年7月1日傍晚我去天安门广场拍摄庆贺中国共产党建党九十年的活动。见到一位年轻人捧着自己制作的党徽来京祝贺党的生日，我抓拍了这幅画面，留作纪念。

颂歌献给党/摄影：白永红

唱红歌在重庆/摄影：荀寿成

重庆市宣传部长何事忠于2011年7月11日接受《重庆晨报》采访时表示："唱红"是健康有益的群众文化活动，否认了唱红歌累计花费逾2700亿元的说法。并说这是一项费省效宏、为民利民的民生工程，唱红之所以能够高潮迭起主要源于群众自觉和自愿。

传承/摄影：王雁翔

著名摄影家、雷锋战友张峻将一幅雷锋画像交到了全国助人为乐模范郭明义手中，寓意雷锋精神的传承。

唱红歌/摄影：崔奇

辽宁锦州市一位修鞋老人正在唱歌，为了拍照我坐在他面前陪他唱起了红歌，唱的有滋有味。老人喜欢唱红歌，而且把自己喜欢的歌收集整理了400多首。

幸福时刻／摄影：袁忠恩

摄影师与模特／摄影：朱志科

吻别／摄影：方玲莉 2011年1月30日，浙江金华火车站，回家过年，一对恋人在吻别。

大一新生／摄影：高嘉雯

繁华都市下的蝼蚁人生/摄影：武仲林

2010年10月15日晚，灯火通明、车水马龙的北京中央商务区。

黄日新和他的胶囊公寓

2010年9月27日，78岁高龄的黄日新在北京展示他的第三代胶囊公寓单人间。为了解决低收入城市流动人群居住难、刚毕业大学生过渡房等问题，曾参与设计了国内外数十座火力发电厂的高级工程师黄日新，历时3年、自费设计推出了3代胶囊公寓。第三代胶囊公寓由租来的平房改造而成，每个单人胶囊房间长2.4米、宽1.2米、高2米，比每间面积不到两平方米的第二代胶囊公寓有了明显的改进。让“蚁居族”活得有尊严，是黄日新最大的心愿。

80后青年的“蛋形”小屋

2010年12月3日，24岁青年建筑设计师戴海飞在北京海淀区自己的工作场所外面打造了一个两米高的“蛋形”小屋，从而免去了高额房租的困扰。据了解，这件小屋里装有电灯、抽水式面盆，依靠屋顶的太阳能板和一块电池供电。而小屋造价仅为6400元。

陈新年和他的地下标间

2010年10月4日，河南郑州，为了应对高房价并让老婆、女儿过得好一点，当过煤矿掘进工的陈新年60岁退休后自己动手，用两年时间在自家棚户屋6米以下挖出一间10平米左右的房间及几条巷道，这个已使用了2年之久的地下标间成了一家避暑纳凉、抵御严寒的好去处。

汉正老街/摄影：彭向东

武汉汉江边的老街——汉正街，是一条承载了武汉从明代嘉靖至今400余年商业发展史的老街，它一直为三镇之重——汉口的主要街市，是武汉早期商业中心，现在仍是武汉乃至华南、华北地区小商品集散地。可以说汉口的发展是以汉正街为起源的，它是汉口商业的发祥地，亦是汉口城市之根。

随着城市改造的深入，汉正街也变得越来越现代，但在我心里，那些充满市民气息的小街，才是汉正街的本来面目，我希望通过相机纪录一段即将消逝的时光，那些老街，才是汉正街过往的佐证。

年轮／摄影：王强

暴风雪／摄影：邢宗仁

新娘的“劳斯莱斯”／摄影：戴翎

山西的山村，迎娶新娘保留着传统习俗，骑马抬轿到村口，背新娘是必须的，像都市里娶亲要乘名车劳斯莱斯一样。

提携／摄影：郑云生

兔年春节期间，北京朝阳公园里，一些外国人和我们共庆佳节。有的表演节目，有的化了妆，展示人体造型。这位表演者，提起了与其合影的小姑娘的帽子，不知说了句什么，引起了一片欢乐。

午休/摄影：胡志生

2011年夏，拍摄于山西省芮城县中条山里古伦村小学校。

灾区孩子的笑容/摄影：高放

跳／摄影：沈波

母亲／摄影：卢伯生

海蜇收获的季节

/摄影：周荣生

八月中上旬，辽宁熊岳仙人岛渔村正是忙于收获海蜇的季节。我们几位摄影人慕名前去，无不为眼前的场景所震撼。若干艘大船满载着出海收获的海蜇，一字排开地停靠在近海处；几十条柴油船转运着筐装的海蜇，冒着青烟穿梭于大船和海岸之间；上百辆马车被老板们驱赶着，趟到海里去装运海蜇，然后奋力地赶着，冲上海滩，将货物送到位于村子里的各个加工场。蓝天白云下，收获海蜇的场面蔚为壮观。

眺望

期待

抵岸

踏浪

收网/摄影：齐向义

龙门系列／摄影：胡义杰

红军石刻标语——上里镇/摄影：宋玉庆

上里镇位于四川省雅安市北部，是四川历史文化名镇，亦是四川省〝十大古镇〞之一。

房屋基座上的红军标语，无论历史怎样变迁，房子怎样修缮，这一红色遗迹仍在，并且是这三个人祖祖辈辈生活的地方。

红军石刻标语——川木门镇/摄影：宋玉庆

木门镇位于四川省广元市旺苍县东南边缘，与巴中、南江、苍溪等市县相邻，1933年6月28日，红四方面军入川以来具有深远历史意义的一次军事会议——木门会议在此召开。群山怀抱里的木门古镇小巧、秀美，是省级历史文化名镇。在老街东端，有一座建于大清道光二十七年的贞节牌坊，上面錾刻了16条红军的宣传标语，〞赤化全川〞、〞工农专政〞等文字十分醒目。

豪华的祠堂门面／摄影：尹淦江

对建筑艺术的欣赏，比较集中的，本人认为国外看教堂，国内看祠堂。中国人的祠堂是同一家族人拜祭祖先，商议族中大事的场所，充满中国元素，是中国人的根，也是中国人的魂，是中华文化的集散地，也是中国人灵魂的归宿地。祠堂里面布局之科学，建筑之复杂，拜祭时礼制之讲究，无不体现祠堂建筑艺术，风俗文化的源远流长。中国人是很讲究“门面的”，所以对中国祠堂的欣赏，门外的就集中在“门面”，尤其集中在门上的“门神”，各地的门神是很有地方特色的。对祠堂里面的欣赏，布局是大同小异的，墙上的砖雕、石雕、木雕是多彩的。但我认为祠堂里的人的活动才是生动各异的。作者选用纯黑白影调，用8×10大画幅相机，校正建筑变形，用慢速表达祠堂的神秘和诡异。

老作坊／摄影：于志新

接新娘/摄影：高鹤云　江苏镇江市街头。新郎接新娘用三轮车作为工具，这在当下的江南大城市里还不多见。

噪音／摄影：张晓梅

流动的焦点／摄影：张晓梅

战果/摄影：周小军　某部官兵一天的野外生存训练结束，在小河边嬉洗征尘，同时也在享受训练成果带来幸福和快乐！

军中红/摄影：周小军　空军某部一年一度军营大比武，老班长载誉归来，战友们无比高兴，把胸带红花的班长抛向空中，以表心中喜悦的心情。慢速度拍摄尽情展示涌动、热烈场景。

西风烈／摄影：贾建义

寂静的黎明／摄影：贾建义

特种突击/摄影：乔天富

在实爆的环境下，士兵勇猛突击。广州军区某部特种兵在超常的严酷环境下，进行高难度、高强度、高风险的“心理防护基础训练”，锤练官兵勇往直前，所向披靡，不怕苦、不畏难、不惧险、不怕死的战斗精神和战斗技能。

春天的歌/摄影：朱光伟

剑锁长空/摄影：徐焱琛

2010年11月26日，中国空军歼-10战斗机珠海航展首次亮相 我空军军威不禁让各国动容，表现出我国空军强大实力，为了保卫我国领空，剑指长空，所向披靡。

百炼成钢/摄影：朱嘉

我要当特种兵/摄影：线云强

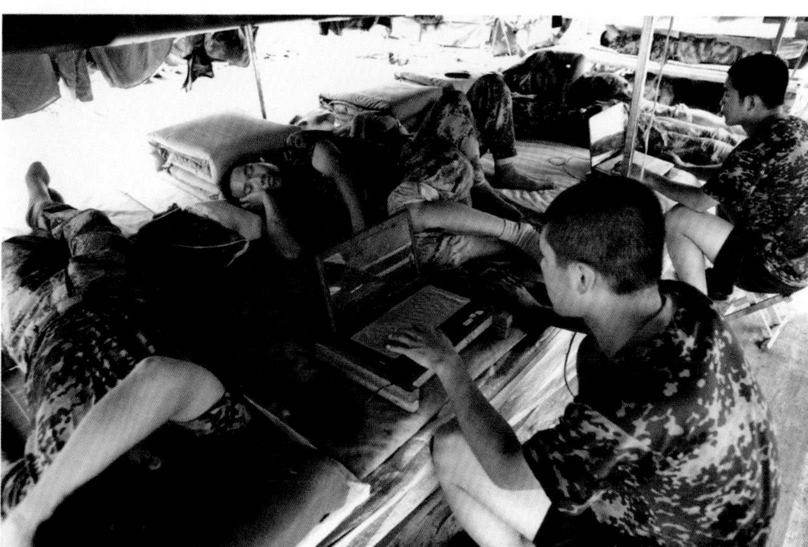

无敌特警/摄影：吕向

瞬间秒杀

气定神闲

烈火金刚

士兵突击

春天里/摄影：李一波

2011年3月春天的昆明气候宜人，一群跑酷爱好者在樱花盛开的公园里秀开了他们炫人的跑酷绝技。

少年游／摄影：苗树林

童年／摄影：臧继辉

石板寨的童话／摄影：涂成钢

邮递员／摄影：郑意川

喜事／摄影：杨爽

天下父母/摄影：朱跃中

出海/摄影：靳义学

风雨中／摄影：邱红枫

对话／摄影：武阿蒙

摆渡／摄影：黎克平

入画／摄影：郑奇荣

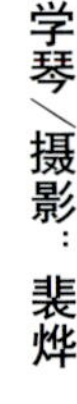

学琴／摄影：裴烨

手艺／摄影：唐寿良

一马当先/摄影：苑德平

2011年国际北京职业自行车环城公路赛

首架空客A380大型客机着陆北京/摄影：齐国生

2011年10月15日在北京首都国际机场举行中国首架法国进口A380大型客机落户南航运营仪式。法国飞来的A380大型客机刚刚着陆后首先要给大飞机〝沐浴〞。即用喷水车给大飞机喷水。在举行正式运营式前给飞机〝沐浴〞这一程序安排出乎嘉宾们的预料之外。一个庞然大物好像赋有了生命，在来到她的新家要好好打扮一下一样，场景非常壮观和震撼。

古镇遗风

/摄影：林举朝

浙江省嘉兴市新塘镇

今日的上海滩

/摄影：黄贵朋

当年到上海不游豫园和南京路等于没到过上海，如今到上海首去的是新上海滩，她是中国繁华的国际性大都市的象征，高楼林立，灯火映天，素有"远东明珠"的世界级声誉。宽阔华美的外滩，缤纷富丽的浦东区，亮丽夺目、光彩照人，尤其是浦东路区的金融资产区、那些高楼大厦中高达460米的"东方明珠"电视塔，以其夺目的光彩展示着大都市与上海世博的无穷的魅力。

我家的年货/摄影：吴云飞

古城小子

/摄影：季保全

千年的马邑古城在庇佑着他的子孙，朝气蓬勃的孩子们与古城形成了强烈的对比。画面似乎是一位耄耋老人呵护面前一群顽皮的后代。（秦汉马邑县在今山西朔州市）

嬉水

/摄影：张辉

青海山区的孩子，水边欢乐嬉戏，他们的生活与快乐，是城市的孩子难以经历和体会的。

心路/摄影：武涛

前往五台山中台的路上，偶遇两位小尼姑，虔诚的诵经，顺着蜿蜒的小路望去，尽头隐隐便可看见寺庙。尽管小路在大山中看上去那么细小蜿蜒，可顺着小路追随仿佛就能看到佛者虔诚的心路，正所谓“山不转路转，境不转心转。”

中国文化的传承/摄影：张琴生

广东省梅州市的大埔中学座落在大埔县茶阳镇上，学校的大门直接在清朝的“父子进士”牌坊后面，该牌坊建于公元1610年。客家人一直尊崇“唯有读书高”的理念，“父子同中进士”正是大埔人追崇读书的体现。与“父子进士”牌坊相辉映的是百年历史名校——大埔中学。这所学校建于1904年，百年来名人辈出。从这里走出了院士、工程师、教授、华侨实业家等一大批人才，为社会进步，祖国建设做出了重大贡献。

伐木女工/摄影：邹大宁

当懵懂撞击爱情/摄影：林萧

骆家辉武汉秀自行车

/摄影：胡伟鸣

2011年9月23日，在湖北武汉参加推广美国周活动的美国新任驻华大使骆家辉和妻子一起来到汉口江滩公园。先掷橄榄球热热身，再戴上头盔，骑上武汉的绿色免费自行车，畅游江滩。

汽车禁行标志

/摄影：胡伟鸣

2011年9月22日，世界无车日，在武汉汉口江滩举办的无车日纪念活动上，一群环保人士现场表演行为艺术“汽车禁行标志”。众多环保人士贴着“汽车禁行标志”标识，参与绿色自行车骑行。

首义先驱历历在目

/摄影：胡伟鸣

2011年10月11日，一位观众从孙中山等辛亥革命著名人物画像前走过。辛亥首义百年之际，辛亥革命领袖黄兴先生嫡孙——旅居加拿大的著名油画家黄绍强，历经10余年呕心沥血创作的《辛亥革命人物画展》在辛亥革命武昌起义纪念馆开幕。展出的百余幅油画以“红、黄、蓝、白、黑”为色调，栩栩如生地描绘出孙中山等百余位辛亥著名人物。作品先后在美国、欧洲、台湾地区巡展。

撒网

/摄影：李英文

刷新墙

/摄影：姜新民

宏村位于安徽省黄山西南麓，距黟县县城11公里，是古黟桃花源里一座奇特的牛形古村落。宏村始建于南宋绍兴年间（公元1131——1162年），距今约有900年的历史。宏村最早称为"弘村"，据《汪氏族谱》记载，当时因"扩而成太乙象，故而美曰弘村"，清乾隆年间更为宏村。

捕鱼/摄影：孙德俊

三月下旬，天下着连绵小雨。婺源秋口镇月亮湾附近，渔民撒出的鱼鹰在河面上泛起了水花，紧张、激动人心的捕鱼场景频频出现，古老而罕见的捕鱼画面，耐人寻味。

走水尫/摄影：林少华

在福建省平和县国强乡高坑村陈姓聚居地，流传着一种民俗活动：每年农历正月十一日下午，在陆地村社的“迎请”、“巡社”祭祀活动后，是形式古朴典雅、风格独具的“走水尫”祭祀仪式。这种习俗自宋末元初年间形成以来，至今已逾七百多年，香火不断，代代相传。2008年，平和县人民政府将其列为第二批县级非物质文化遗产。

印象丽江／摄影：廖献斯

靓丽的风景线／摄影：杨昌军

2011年50多个国家的名模聚集山东牟平养马岛。

大海精灵/摄影：张伟

人们喜欢大海，更喜欢大海的精灵，大连海洋极地动物馆的白鲸和潜水员是如此和谐和亲密，让人感动不已。

大运会自行车场地赛/摄影：黄福成

2011年8月12日，深圳第26届世界大学生夏季运动会在深圳湾"春茧"体育馆隆重开幕了。来自世界各地的大学生运动员在24个大项的306个项目中进行角逐。图为自行车场地赛比赛场景。

追梦人/摄影：荆惠芝

2010年12月11日，首都体育馆世界花样滑冰大奖赛，比赛选手是俄罗斯的卢波夫·伊鲁申基娜和诺丹里·梅苏瑞德兹，采用慢速拍摄使运动员有动静虚实的表现。

广场晨练／摄影：梁伟明　　深圳市民中心广场

外滩风情画／摄影：许仪曜

上海南京路步行街的夜晚／摄影：苏新民

中国戏曲之美/摄影：成贵民

京剧

皮影戏

评剧

豫剧

海之恋

/摄影：周乐君

身披彩带，手持彩色阳伞的姑娘，在蔚蓝天空、明媚阳光和宽阔大海的衬托下，表现出青春的活力、热情奔放的气质与魅力。

余晖

/摄影：周乐君

在夕阳余晖的衬托下，舞者在海堤上翩翩起舞，犹如仙女下凡，呈现出一幅色调缤纷诗意淋漓的画面。

激情四溅／摄影：臧少明

问天／摄影：王蔚强

含情脉脉——傈僳族舞蹈《勾裙》／摄影：段斌

情投意合——傈僳族舞蹈《勾裙》／摄影：段斌

晋商与大漠/摄影：李伟光

《晋商大院里的女人与大漠》系例影像作品更多的追求画面中人物与人物、人物现景物的故事性，力求将晋商的昨天与古代丝绸之路衰落联想起来。

男人悲壮的故事背后又流传着多少关于女人的故事……

晋商？！女人？！大漠？！

春天的暖风／摄影：李文红

神女峰下／摄影：张诚高

海南大学艺术团演出“美人鱼”／摄影：赵升录

凌波／摄影：李建军

欲盖还羞／摄影：边度空间

水晶魅影

/摄影：文建军

墨的元素衬托了水的晶莹，在晶莹的世界中，女人的魅力和周围的元素融为一体，魅力绽放。

暇思

/摄影：文建军

尽显水的温柔，女人的轻盈，墨的云纹回绕，静谧的氛围中轻思。

水墨一梦／摄影：文建军

墨的黑色附和着霓虹的色蕴，在水墨的空间中沉醉，美梦。

自由女神／摄影：文建军

远方的思绪牵引着对自由的向往，墨和色彩的萦绕，自由之心愈重。

美丽的眼睛/摄影：易芝福

这幅作品是在2011年7月，我把女儿当模特拍摄的。她天生丽质，并有一副美丽的炯炯有神的大眼睛，于是我以她的大眼睛为中心，加两朵玫瑰花，衬托这对大眼睛，平衡整个画面构图，突出这对美丽的大眼睛。

花儿

/摄影：朱汉举

主题构思：上帝创造了美丽的花，也创造了美丽的女人。此幅作品中美丽的女孩戴着一朵怒放的玫瑰花，让人感受到女孩的妩媚和浪漫。

困惑

/摄影：朱汉举

画面中女孩的面孔被纸绳紧紧地缠绕着，无助的眼神，无力的嘴唇，给人传递着一种无奈的情绪，诠释了现代女孩内心的一种情结。

城市的碎片/摄影：刘自强

成都大世界

成都神仙树

观看/摄影：刘征

吊影

/摄影：叶晓燕

影子，只要有光的存在，每个人、每样事物都会有影子的跟随。对影子的认识和理解，每个人都有所不同，影子带有诡异神秘的色彩，有人说影子是另一个自己，影子就像我们的灵魂。试想在深夜寂静的城市，走在大街上，竟然找不到自己的影子，是多么可怕的事情？！而在这充满物欲、竞争、名利的现实生活中，有多少人为了生存而丢失了最根本的自己……丢失了他们的灵魂……丢失了他们的影子……

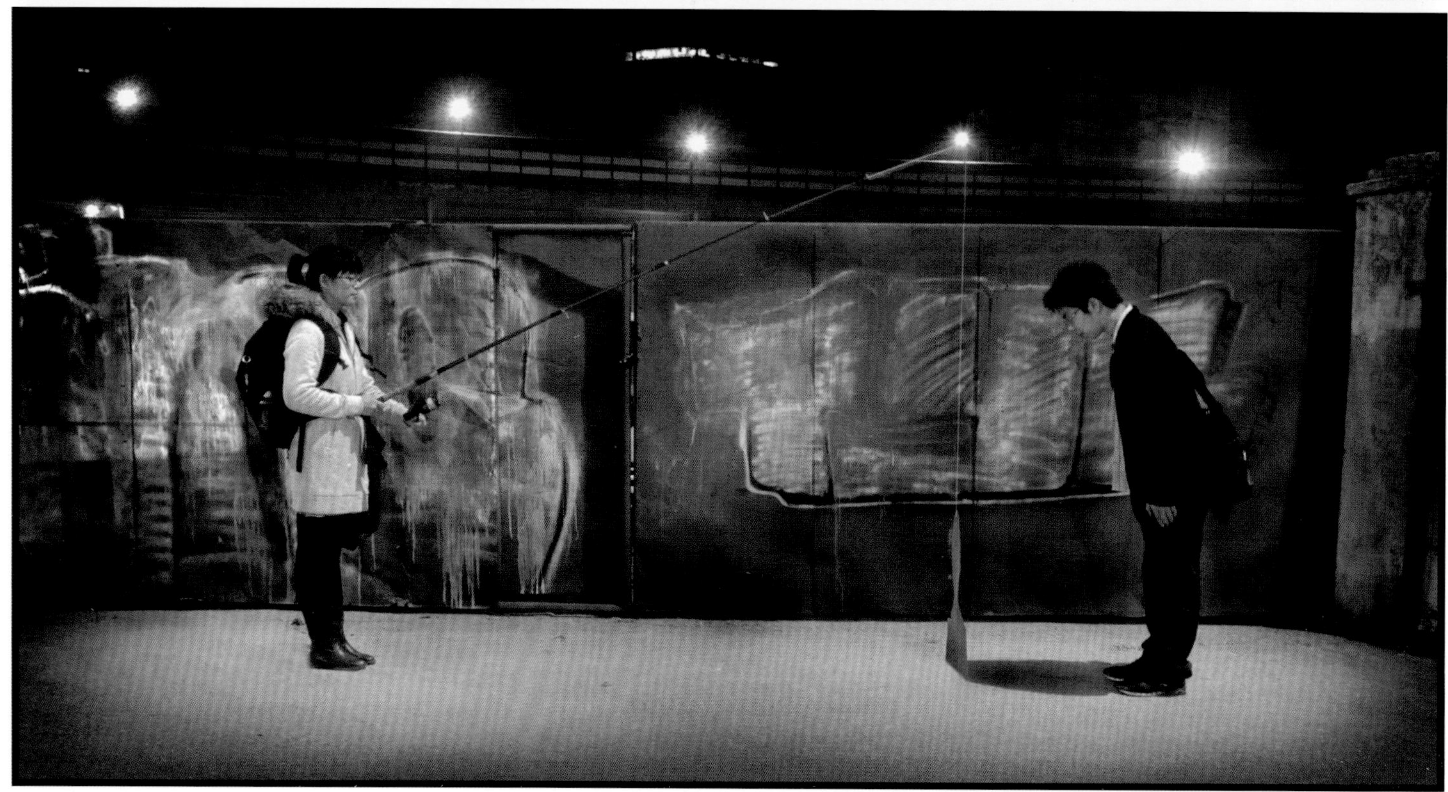

田子坊–2011：多元文化——现代都市生活和人们观念引发的新思考／摄影：杨长荣

田子坊位于中国上海市泰康路210弄。 泰康路是打浦桥地区的一条小街，1998年前这里还是一个马路集市，自1998年9月区政府实施马路集市入室后，把泰康路的路面进行重新铺设，使原来下雨一地泥，天晴一片尘的马路焕然一新。“田子坊”其名其实是画家黄永玉几年前给这旧弄堂起的雅号。据史载，“田子方”是中国古代的画家，取其谐音，用意自不言而喻。使得曾经的街道小厂，巷子废弃的仓库，石库门里弄的平常人家，抹上了“苏荷”（SOHO）的色彩、多了艺术气息熏染。田子坊弄堂里除了创意店铺和画廊、摄影展，最多的就是各种各样的咖啡馆，而且依然有很多居民在这里生活，这种环境下，有一种出人意料的艺术美感.

中国精神/摄影：万毅

缘境/摄影：万毅

幻象/摄影：张彦民　珠海某楼的包间墙上，挂着一幅京剧人物油画。一位姑娘从画前走过，在画前留下一幅朦胧的身影……

“怎么不响了？” /摄影：姜炎

车模印象/摄影：谢邦国

绿豆糕/摄影：邓霆 绿豆、竹叶、饼印、茶构成一幅地道美味的特产画面。

腐乳饼/摄影：邓霆 豆腐乳是桂林三宝之一，用原料茶、绿叶、腐乳构成香气诱人的咸香腐乳饼。

听雪／摄影：罗晓羽

蓝色布鲁斯／摄影：王培蓓

公务员／摄影：顾晓林

导演张猛／摄影：封建

上图：红灯谣/摄影：吴丹旻

拍摄地点：平遥古城

创作意图：这幅作品采用多次曝光的摄影技法，选取的素材为高挂红灯笼的平遥乔家庄园以及正在等待参加表演的演员。我试图运用有很强寓意的大红灯笼与画面中的青黑背景形成反差与对比，来表现民族的心理素质和精神面貌，揭示画面所未能表达的深层情感，达到一种新的境界。

下图：伞中情/摄影：吴丹旻

拍摄地点：平遥古城内街区

创作意图：这幅作品采用了多次曝光的摄影技法，选取的素材为模特手中的花纸伞、社火表演的小演员、背后贴有喜字的人力车和石砖路面。我试图运用具有鲜明特色的民间素材以及多元化的语言，通过色彩的律动去传达心理欲望，造成时间与空间的交错，来完成历史与文化内涵的视觉表达。

繁华如梦/摄影：吴丹旻

拍摄地点：平遥古城夜市

创作意图：这幅作品采用了多次曝光的摄影技法，选取的素材为夜市商铺摆放的唐俑、古城楼与街道以及被镜头虚化的灯火。平遥古城众多的文化遗存，不仅代表了中国古代城市在不同历史时期的建筑形式，也反映了中国古代不同民族、不同地域的艺术进步和美学成就。我试图通过画面构图的节奏感、虚实对比、色彩的冷暖和影调的明暗对比以及静中有动的表现手法，以极具古文化元素代表性的唐俑为主体来展示远古文化与现代文明的相互碰撞。

现实给了梦想多少时间／摄影：范顺赞

美丽的梦／摄影：范顺赞

假球／摄影：萧禾嘉

《构成》系列／摄影：王传东

人来人往/摄影：潘湖

一个总拿一些心中崇拜的艺术家来作为标榜的人，会是个什么样的家伙呢？

我崇拜梵高，崇拜伦勃朗，也崇拜贝多芬，瓦格纳，或许是这些人已经逝去，因而让我有更多的遐想，有时候脑海里浮现出的画面就不单单是那些自传中的那么"单纯"了。

偶尔把自己错觉为他们的化身，只不过我手中的是一台相机，吃的时候，睡的时候，逛的时候，也不知道那种好似被附身的感觉会出现在哪一天、哪一分钟、哪一秒。我只知道某一刻在我猛一抬头看见灯火辉煌，人头攒动的大街，又在某一刻猛一低头看见杯中物质的时候，我就被附身了。

这一回来的可能是梵高，可能是瓦格纳，只恨手中的不是画笔，不是琴键。但无妨。我依照着"他们"的指示，按下快门。

若是能让"他们"永远住在我的心里，那种美妙不可思议。好比没有人能想到当伦勃朗手下的画面若是化作音乐，贝多芬手下的旋律若是化作画面会有多美。而我的宿命，或许就是用摄影来表达我心中的一切，我心中的一切有些什么？至少现在，有"他们"并未离去。

寻找灵感/摄影：潘湖

冲出蜗居／摄影：姚建强

此片用软件作出，众裸女纷纷跃出扭曲变形高楼的场面，表现了城市楼越盖越多越盖越高，楼价居高不下，人们生活空间日益狭小，挤压感、窒息感陡增，人们向往回归自然的诉求。

现实阿凡达//摄影：李亚隆

近年，城镇房屋拆迁成为中国社会矛盾的焦点之一，不时发生社会冲突，特别是暴力拆迁引发人身伤害反映强烈。2010年1月29日，中国国务院公布《国有土地上房屋征收与补偿条例(征求意见稿)》，改变以强拆为主要特征的土地征用模式，体现了对公民基本权益更多的尊重和保护，由此社会展开了热烈讨论。也是2010年1月，《阿凡达》在中国上映，它被中国观众集体完成了语义转换，即一场伟大的反拆迁斗争。当今中国正在经历工业化、城镇化的巨大变革，在大规模城镇房屋拆迁的同时，正面临更加深刻的生态和历史传统的"拆迁"。

暴力拆迁

钢铁森林

水中留遗

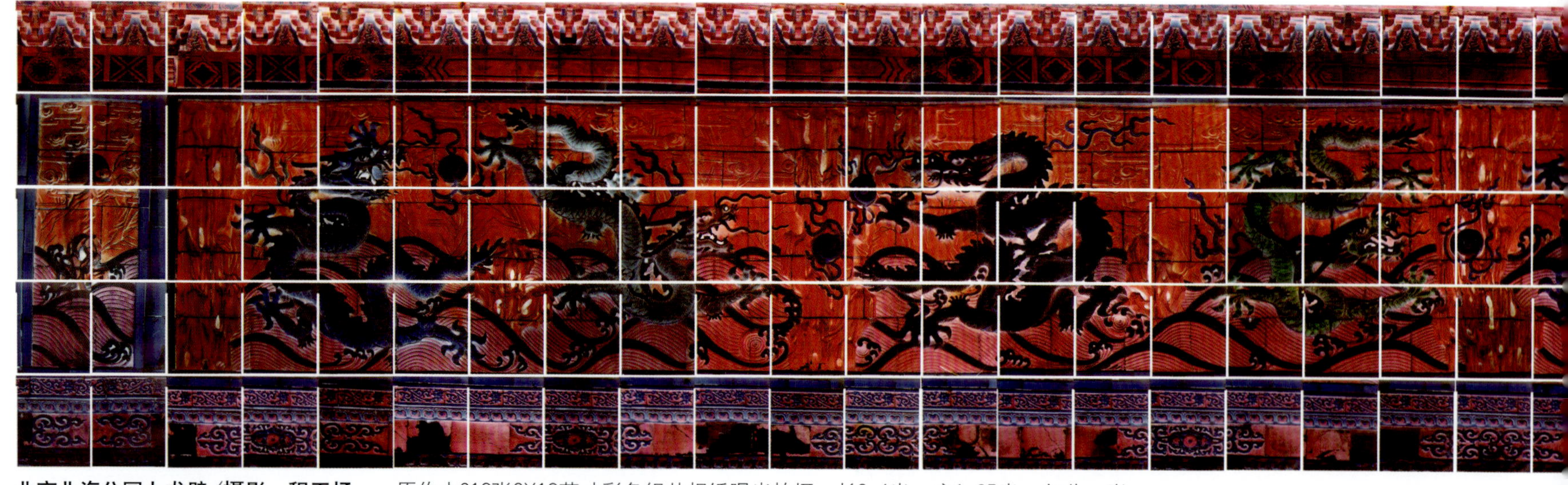

北京北海公园九龙壁／摄影：程玉杨　　原作由210张8X10英寸彩色银盐相纸曝光拍摄，长8.4米，高1.25米，仅此一张。

北京北海公园九龙壁（局部）／摄影：程玉杨

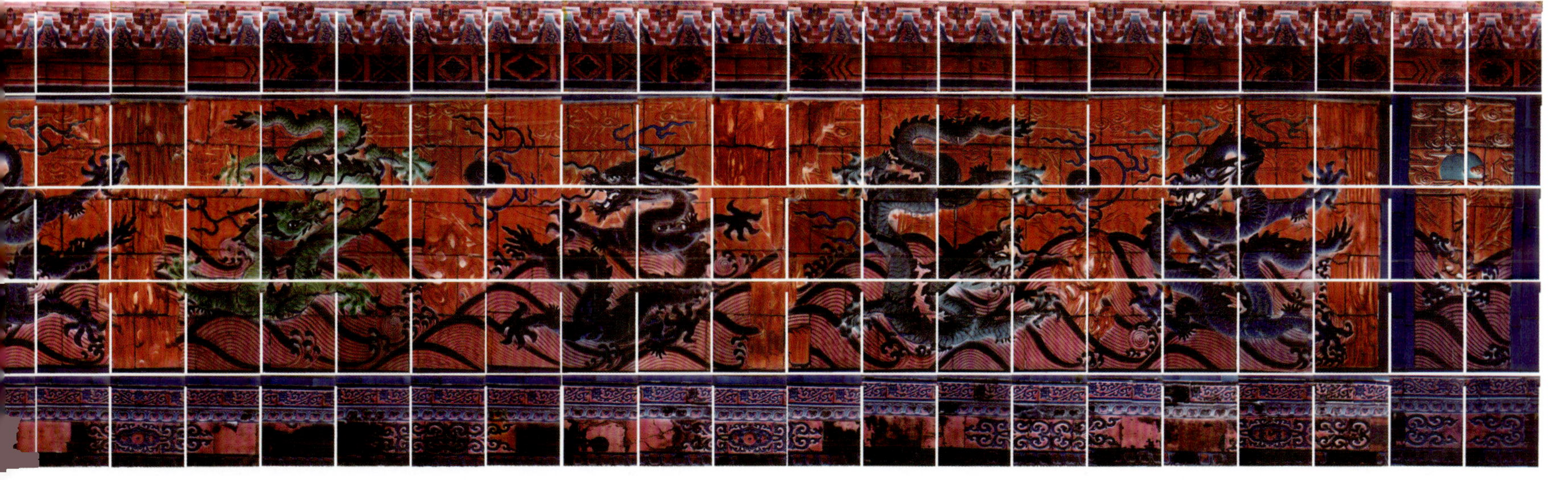

中国摄影家协会
艺术摄影委员会委员
作品选登

中国摄影家协会艺术摄影委员会2011年工作会议于11月13日在山东省文登市召开，出席会议的有中国摄影家协会艺术摄影委员会主任朱宪民、张宇，主任助理陈仲元，委员于云天、王武、王琛、王建军、石广智、冯凯文、冯建国、 刘应华、许景辉、孙晋强、李刚、杨大洲、吴鹏、宋刚明、宋举浦、张国田、林铭述、周梅生、郑壬杰、线云强、侯贺良、姜振庆、姚璐、高健生、崔茂元、梁达明、惠怀杰、额博等31人。会上由主任委员阐述了艺委会的工作任务，全体委员从各个角度介绍了当前摄影艺术的现状，并探讨了艺委会下一年度的工作规划，最后，艺委会委员们分别演示摄影新作，共同交流影艺。

《中国摄影艺术年鉴2011卷》特辟专版刊出部分委员的作品，在此《年鉴》编辑部感谢中国摄影家协会艺术摄影委员会给予的大力支持，并向提供作品的委员表示敬意！

朱宪民：中国摄影家协会副主席、中国艺术摄影学会执行主席、中国摄影家协会艺术摄影委员会主任、中国新闻摄影学会常务理事，文化部专业职称高级评审委员会委员。

“古”往今“来”/摄影：朱宪民

张宇：中国文联第九届全委会委员、中国摄影家协会副主席、中国摄影家协会艺术摄影委员会主任委员、福建省文联副主席、福建摄影家协会主席。多次担任中国摄影金像奖、全国摄影艺术展、国际摄影大赛大展的评委，福建省政府文艺百花奖总评委。

在大海里／摄影：张宇

于云天：中国摄影家协会理事、中国摄影家协会艺术摄影委员会委员、中国环境文化促进会理事、英国皇家摄影学会荣誉会士，1989年荣获首届中国摄影艺术最高奖—金像奖，1998年入选尼康NIKON—We take the world's greatest pictures国际知名摄影家，入载：《中国人物年鉴》、《中外文学艺术名人肖像》、《美国传记协会年鉴》、《英国剑桥人物年鉴》，曾应中国摄影家协会、中央美术学院、清华美院、柯达公司、尼康公司、佳能公司、IBM、ORACLE及全国各地社团之邀举办摄影讲座，多次成为国际、国内摄影比赛评委，摄影作品多次在国内外摄影比赛中获奖并举办影展，出版各类摄影图文画册二十余种。

方舟/摄影：于云天　　作品是今年应邀参加AP世界名表："永恒与精准的艺术"创作活动而作。灵感来自《圣经》中"诺亚的方舟"和创世纪中第一章："起初，神创造天地，地是空虚混沌、渊面黑暗，神的灵行在水面。"这与东方禅所追寻的"寂、空、静、虚"的空灵境地恰好不谋而合。而隐喻般传说的"方舟"，宛如无生命的性灵，从深海的黑暗和混沌中显现，它是静寂无语的，但却充盈着蓦然驻足时的静穆，一种从画面流溢到我们心灵深处默无声息的思想活力。亦如杉本博司朦胧记忆中"线"的延伸——"……我们眼前这一端是'现在'，线悄悄地绵延，那另一端的'记忆'，就逐渐离我们远去。"故禅宗道："载着空灵智慧之美的生命之舟，从神的海湾出发，驶向人的彼岸。"

山乡春暖/摄影：许景辉　婺源县位于江西省东北部的上饶市，徽州文化的发祥地之一，素有“书乡”、“茶乡”、“生态旅游县”之称，被摄影家誉为“中国最美的乡村”。江岭风光是典型婺源山中田园风光的代表。

三月的一个清晨，雨过天晴，登上江岭俯视山下，层层梯田如链似带，从山脚一直盘绕到山顶，高低错落，壮丽雄伟，山川小河边，点缀着一片粉墙黛瓦的村落，构成了一幅极美的山乡风光画卷。抓住阳光从云缝隙中透出的瞬间，我拍摄了《山乡春暖》。

许景辉：江西省摄影家协会主席、江西省文联常委、中国摄影家协会理事、中国摄影家协会艺术摄影委员会委员，中国艺术摄影学会常务理事。曾获中国文联“万里采风成果奖”和中国摄影家协会表彰的“突出贡献摄影工作者”称号。

烟台之晨/摄影：侯贺良　　这幅入选《2011佳能挂历》的作品，可谓是意外收获。2009年我为烟台航拍，为了表现这座历史文化名城通过改革开放所呈现出的勃勃朝气，我特意选择了清晨起飞。那天，我迎着初升的太阳，按预定计划向海滨广场飞去，虽然途中无预定拍摄项目，但我依然手握相机，时时处于"应战"状态。果然，我乘坐的小型直升机飞临海岸线时，一抹暖暖的晨光紧贴着海面铺洒过来，把一片平常海滩瞬间变成了一幅令人震撼的、迷人的画面。大海、沙滩、小船在大自然的神来之笔描绘之下，让人感觉既熟悉又不可思议！这就是光的力量！大自然美不胜收，时刻等待着摄影家采撷！

侯贺良：中国摄影家协会理事、中国摄影家协会艺术摄影委员会委员、山东省摄影家协会主席、山东省人民政府新闻办公室副主任兼《走向世界》杂志社社长、中国画报协会副会长、世界华人摄影学会执行委员、山东师范大学、山东艺术学院等高校摄影专业研究生导师。

王建军：中国摄影家协会艺术摄影委员会委员、四川省摄影家协会副主席、中国当代著名风光摄影家。专心致力于中国西部风光、人文地理以及历史题材的拍摄和探索，逐渐形成了自己独特而鲜明的摄影艺术风格。

中国西部风光/摄影：王建军

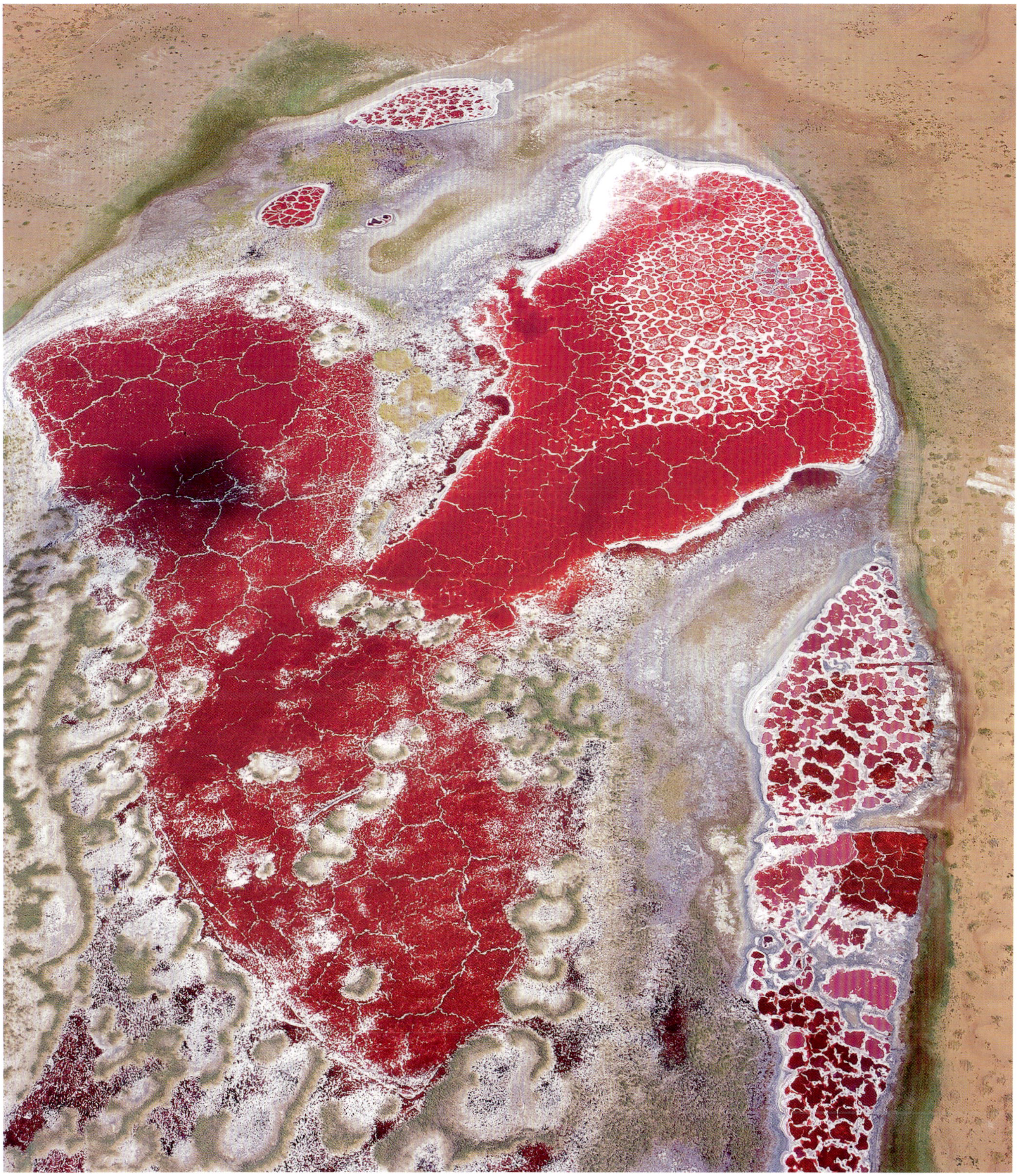

王琛：中国摄影家协会艺术摄影委员会委员、中国摄影家协会理事、中国摄影著作权协会理事、中国艺术摄影学会常务理事、中国新闻摄影学会副秘书长、广东省青年摄影家协会副主席、政协深圳委员会常务委员、广东省青年联合会第九届委员会委员、深圳市政府评标专家、国家一级摄影师、高级工艺美术师、深圳市新翔广告印务有限公司董事长、深圳市福禄寿禧实业有限公司董事长、深圳企业家摄影协会执行主席兼秘书长。

内蒙巴丹吉林沙漠盐湖/摄影：王琛　哈苏903SWC相机拍摄，飞行高度100米。图片拍摄于2010年8月30日巴丹吉林沙漠的盐湖。盐湖一般都经历了由淡水湖到碱水湖再到盐湖的生命历程。图中的湖泊已经完全成为盐湖，白色的盐清晰可见，盐湖内红色部分则由泥土中的矿物质成分及盐湖中嗜盐的细菌及藻类影响所形成。在与沙的长期对峙中，湖水的力量越来越弱。如何保护水源、如何保护这片漠北江南是一个亟待解决的问题。

震前青海玉树结古镇/摄影：梅生　　曾经五次到青海省玉树州结古镇拍摄，每次都会找一个合适的位置拍摄结古镇全景，这是最理想的一张，青山巍峙，绿树葱茏，炊烟飘渺，宛如仙境。玉树大地震，将这一切化作断壁残桓，这张照片成为历史的绝响。震后第三天，北京举行摄影名家名作赈灾义卖捐款活动，此作以40000元的最高价拍出，所得款项当场捐给玉树灾区。

梅生：中国摄影家协会理事、中国摄影家协会艺术摄影委员会委员、世界遗产影像学专家、摄影评论家、国际摄影艺术展览评委和全国摄影艺术展览评委兼作艺术评论、音乐策划人、艺术院校客座教授。长于人文、地理、历史、风光类摄影专题的拍摄，近年来尤为注重“世界遗产影像学”体系的创立与整理，从文化人类学的角度以摄影的方式对于在中国的世界遗产进行了大量的拍摄与研究工作。鉴于在“世界遗产影像学”方面的开创性工作，2007年荣获由世界遗产基金会颁发的“世界遗产弘扬奖”。

玉树的眼睛/摄影：刘应华　2010年4月14日7时49分，青海玉树发生7.1级强烈地震。当日19时44分，我乘空军第一架满载地震救援队伍和救灾物资的伊尔-76运输机飞抵玉树机场。地裂山崩，残垣断壁，玉树灾情远远超过了我的想象。阵阵凄凉不断从我心里掠过。4月20日，玉树灾区飘起震后第一场大雪。21日我接到命令，结束第一阶段采访返回，我在运输机领航舱里俯瞰玉树大地，银装素裹，惟余莽莽。14时15分左右，我惊奇地发现银色的大地上有一只眼睛，眼神中充满悲凉和期盼……

刘应华：大校军衔，成都军区空军正师职专职摄影记者兼成都军区空军新闻负责人，中国摄影家协会会员，中国摄影家协会艺术摄影委员会委员，中国新闻摄影学会理事、第八届中国摄影“金像奖”获得者，先后被中国摄影家协会授予“抗震救灾优秀摄影家”和“抗灾救灾优秀摄影家”称号。

王武：中国摄影家协会艺术摄影委员会委员。先后从事记者、编辑工作。著有摄影集《真如世界》等。作品常见于国家级专业摄影刊物，在国内外大型影赛中多次获奖。2005年起研究并进行鹭科鸟类的专题拍摄；2010年起开始在非洲的拍摄项目。在平遥国际摄影大展和连州国际摄影年展举办个人专题展览《梦·鹭—行为·情感》、《生灵》。

圣母/摄影：王武

鹭妈妈尽力伸出翅膀为小白鹭撑起一片阴凉，使宝宝免受烈日的曝晒，而自己却暴露在骄阳下。这就是在一只白鹭身上体现的母爱，她是鸟儿的"圣母"。

从林中走出的马／摄影：李刚

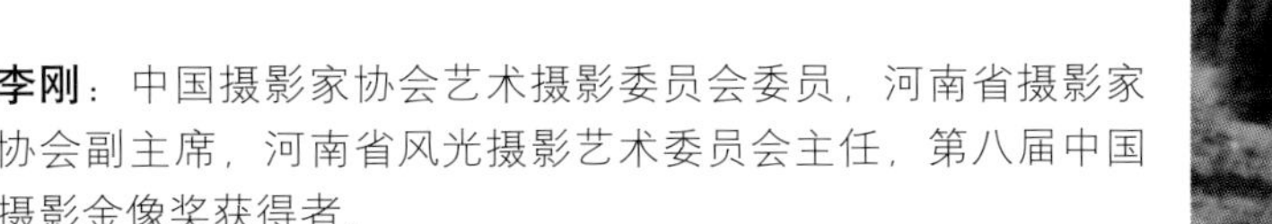

李刚：中国摄影家协会艺术摄影委员会委员，河南省摄影家协会副主席，河南省风光摄影艺术委员会主任，第八届中国摄影金像奖获得者。

启程/摄影：石广智　　这是一艘即将走向大海、进发欧洲的由福建马尾造船厂制造的集装箱货船。夜幕下的钢铁巨物如同即将出征的勇士。马尾造船厂是福建省最大的修造船厂，创建于1866年（清同治五年），时称福建船政，迄今已有145年的历史，是中国最先建立的一家专业造船厂。为了避免老套的拍摄大船下水模式，我以下水前夜的大船为拍摄对象，并在长时间曝光中快门即将关闭的前几秒钟内适当的摇晃相机，使现场的照明灯在画面上产生粗细不等、深浅不一的漂亮光迹，营造了一种特殊的意境。流动的线条和色块让这冰冷的家伙似乎不再是钢铁一块，似乎也有了人类的思想与表情。

石广智：国家一级摄影师、中国摄影家协会艺术摄影委员会委员、北京摄影函授学院导师、福建分院院长，福建省摄影家协会副主席、中国金融摄影家协会常务副主席，全国唯一连续三届荣获中国摄影界最高个人成就奖"金像奖"的摄影家。

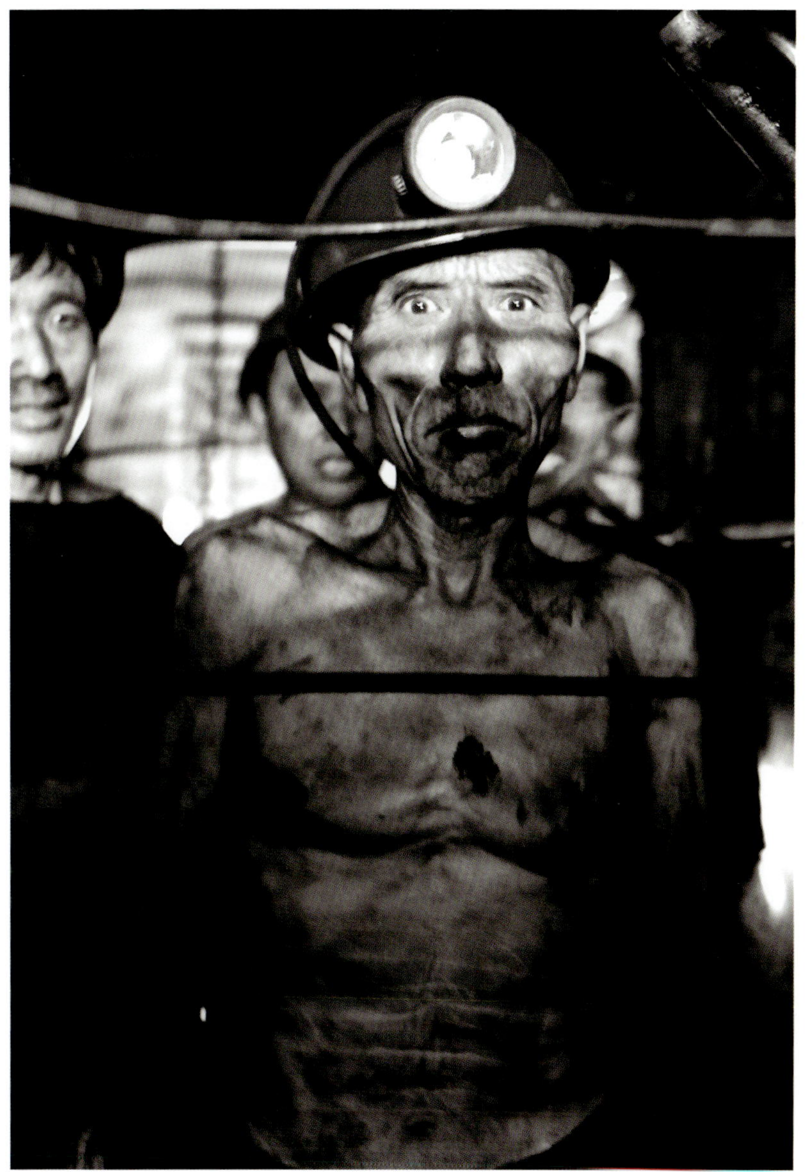

底层/摄影：宋刚明　　底层有两层意思，一是实指挖煤的人，二是泛指生活在底层的人；都一样，都是一些生活不易的人，但正是他们构成了一个社会的底色。只有他们的福祉得到了充分的关照，社会才能稳定和谐。

宋刚明：影像学教授，享受长江学者待遇。湖北省摄影家协会副主席、武汉大学客座教授、武汉大学EMBA总裁沙龙摄影导师、中国摄影金像奖获得者、中国摄影家协会艺术摄影委员会委员。

陕西蛇曲/摄影：宋举浦　　陕西延川黄河蛇曲是发育在秦晋大峡谷中的大型深切嵌入式蛇曲群体，规模宏大，是我国干流河道上蛇曲发育规模最大、最完好、最密集的蛇曲群。主要体现在气势恢宏的河流地貌景观、黄土地貌景观、植被景观。黄河流经延川县境形成"S"形乾坤大转弯，古称河怀湾，其得名于天地、日月、阴阳、刚柔、乾坤之象。黄河在这里陡然急转，形成了320度大转弯，被称之为"天下黄河第一湾"。

宋举浦：少将军衔，中国摄影家协会艺术摄影委员会委员、中国摄影家协会理事，中国摄影著作权协会副主席、解放军摄影学会副会长。出版作品集《佛教圣地五台山》、《北岳恒山》、《阿尔山四季》、《丹霞地貌》，获中国第十一届国际摄影展览两个金奖、第28届国际摄影联合会（FIAP）黑白双年奖个人金牌，中国摄影"金像奖"获得者。

心中的风景/摄影：崔茂元　这是一幅由三张数字影像经后期合成的创意风光作品。艺术摄影作品的创作，不应该是把外边的世界简单地搬到你的作品当中来，而是借助于外边的客观世界，主观地创造出一个属于自己的另外一个世界。它追求的不是自然形貌色彩的科学真实，而是艺术真实，它的本质不是如实再现自然形貌色彩，而是真实表现艺术家的思想感情。作品的前期创作靠的是艺术家的情感冲动，后期制作靠的是艺术家的理性思维。作品终极目的，不仅是愉悦人们的眼睛，更重要的是净化人们的心灵。

崔茂元：中国摄影家协会艺术摄影委员会委员，中国摄影教育委员会副秘书长，原天津美术学院摄影系主任，中国摄影“金像奖”获得者。

林铭述：旅美艺术家、中国摄影家协会艺术委员会委员、中国建筑学会建筑摄影专业委员会委员、《建筑师》杂志社特约摄影师、《中国建筑艺术年鉴》编辑、中国建筑艺术网艺术总监、纽约摄影学院（中国）特聘教授。

建筑中的音符/摄影： 林铭述

每当发现高大建筑中的建筑"美容师"，我都会不由的肃然起敬，在各式各样的建筑图案中，这些清洁工人往往如音符一般在格线之中流动。巨大的钢铁结构又突显了人在建筑中的坚毅，以及与自然的亲和力，从而将一个点（音符）的情感注入整个画面之中，同时又将建筑的尺度予以体现。

绝技／摄影：郑壬杰　　2011年8月末，我应邀参加"中外百名摄影家聚焦佳木斯"活动，在佳木斯四丰山水库拍摄时，见一携犬游泳的老者在水库边的护栏上施展双手支撑身体动作，爱犬一旁陪伴，场景非常有趣，遂用富士X100相机拍摄。

郑壬杰：中国摄影家协会艺术摄影委员会委员、中国摄影家协会会员、北京市西城区摄影家协会顾问、《大众摄影》杂志社副社长、执行主编。著有大型摄影教材《通用摄影》，主编过《世界最新影像器材》、《获奖秘籍》、《高品质影像揭秘》等书刊，并在《美国纽约摄影教材》、《中国摄影年鉴》、《摄影家的门槛》、《远山的呼唤》等图书中担任特约编辑。

练兵/摄影：线云强

线云强：大校军衔，中国摄影家协会理事、中国摄影家协会艺术摄影委员会委员、中国新闻摄影学会常务理事、解放军摄影学会常务理事、辽宁省摄影家协会副主席、沈阳军区新闻图像社社长，沈阳军区军事摄影协会秘书长，第三届、第七届、第八届中国摄影艺术创作个人成就最高奖——金像奖获得者，享受中华人民共和国国务院艺术家特殊津贴，。

雪域人家/摄影：孙晋强　2011年6月中旬，我腿伤未愈即与影友相约赴西藏进行摄影创作。旅途之中，偶遇一位藏族妇女背着小孩，牵着女儿从雪地走过。茫茫雪域高原，自然气候恶劣，然而，她们坚强的身影，乐观的神态却令人十分感动。她们富有特色的服装和一条陪伴在身前身后的壮硕藏獒，更增添了浓郁的高原生活气息。我们赶紧停车，抓拍了这幅作品，意在表现生活在青藏高原的藏族同胞坚强乐观的人生态度。

孙晋强：陕西某光电技术有限公司董事长，中国摄影家协会会员，中国摄影家协会艺术委员会委员，第七届、第八届中国摄影金像奖获得者。

绝涧饮雪图

静坐观海图

孤山鸣鹤图

姚璐：中央美术学院版画系毕业，中央美术学院设计学院摄影工作室副教授，硕士生导师，中国摄影家协会艺术摄影委员会委员。

《景观·静观》系列/摄影：姚璐

我的作品是运用传统中国绘画的形式表现当代中国的面貌，中国在不断发展着，在不断的建设过程中有许多东西产生，同时也有许多东西消失了，那些"防尘布"覆盖的土堆和垃圾是一个普遍的现象。

我希望：我们所做的一切都使世界形成良性转变。我们必须保护环境，我们努力工作意味着，世界将变得更加和谐。

摄影可以理解为非常传统的，它可以记录很多以前的历史，让人们回到了以前的某一个时代；摄影也是非常当代的，它可以非常清晰地把见到的东西重新组合再编辑整理，让人们在作品前产生时间和空间的错觉，可以看到既真实又不真实的影像。

在作品的风格上，我主张维护画面的美感，这其中包括画面的构图、线条、疏密等等一切绘画规律，一幅好的作品是由多方面因素构成的，它应该能体现出艺术家的修为和能力，一幅好的作品是有智慧的。

摄影的这种延展性为我提供了非常大的表现空间，让我可以有更多的手法去创作。

佛前/摄影：杨大洲

杨大洲：中国摄影家协会理事，中国摄影家协会艺术摄影委员会委员，著名摄影家，策展人，中国摄影家协会50年突出贡献摄影工作者，世界华人摄影学会会员，英国皇家摄影学会荣誉会士。

珠穆朗玛峰下的青稞田／摄影：高健生

2011年10月，受托在西藏拍摄一个有关青稞的专题，20天时间，行程5000余公里，采访了拉萨、山南、日喀则、阿里等地的五大青稞主产区，这张图片是在聂拉木县乃龙乡拍摄的，“乃龙”藏语的意思是“青稞山谷”，这条山谷正对着珠穆朗玛峰，距珠峰约100公里，秋收时节，金黄的青稞在银白的雪山下熠熠生辉。

高健生：《中国摄影艺术年鉴》主编、中国摄影家协会艺术委员会委员，中国艺术摄影学会理事、中国新闻摄影学会理事、中华文化促进会专业摄影委员会副会长。

中华龙——母亲河/摄影：王悦　农历壬辰年是中国传统的龙年，合上这本书，祥龙已降临，祝您在新的一年中，龙腾虎跃，大展宏图。

《中国摄影艺术年鉴-2011卷》入选作者及作品名单（以汉语拼音为序）

图书在版编目（CIP）数据

中国摄影艺术年鉴．2011 / 高健生主编．-- 北京 ：国际文化出版公司，2012.2

ISBN 978-7-5125-0321-2

Ⅰ．①中… Ⅱ．①高… Ⅲ．①摄影艺术－中国－2011－年鉴 Ⅳ．①J409.27-54

中国版本图书馆CIP数据核字(2011)第278135号

中国摄影艺术年鉴—2011卷

主　　编　高健生
责任编辑　杨　华
助理编辑　王　波
出版发行　国际文化出版公司
经　　销　北京国文润华图书销售公司
编　　辑　《中国摄影艺术年鉴》编辑部
设　　计　北京金水太和文化有限公司
印　　刷　北京图文天地制版印刷有限公司
开　　本　889×1194　12开
35.5印张
版　　次　2012年2月第1版
2012年2月第1次印刷
书　　号　ISBN 978-7-5125-0321-2
定　　价　429.00元

国际文化出版公司
北京朝阳区东土城路乙9号　　邮编：100013
总编室：（010）64270995　　传真：（010）64271499
销售热线：（010）64271187　64279032
传真：（010）84257656
E-mail:icpc@95777.sina.net
http://www.sinoread.com

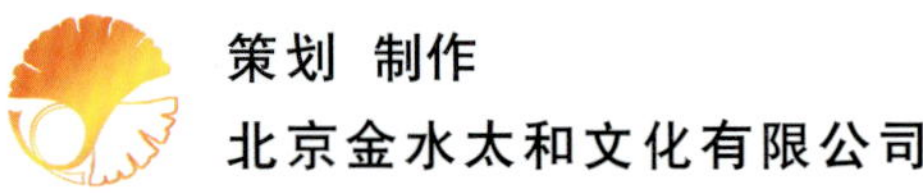

策划 制作
北京金水太和文化有限公司